お粥の給仕
器は両手で持ち、浄人の給仕を受ける

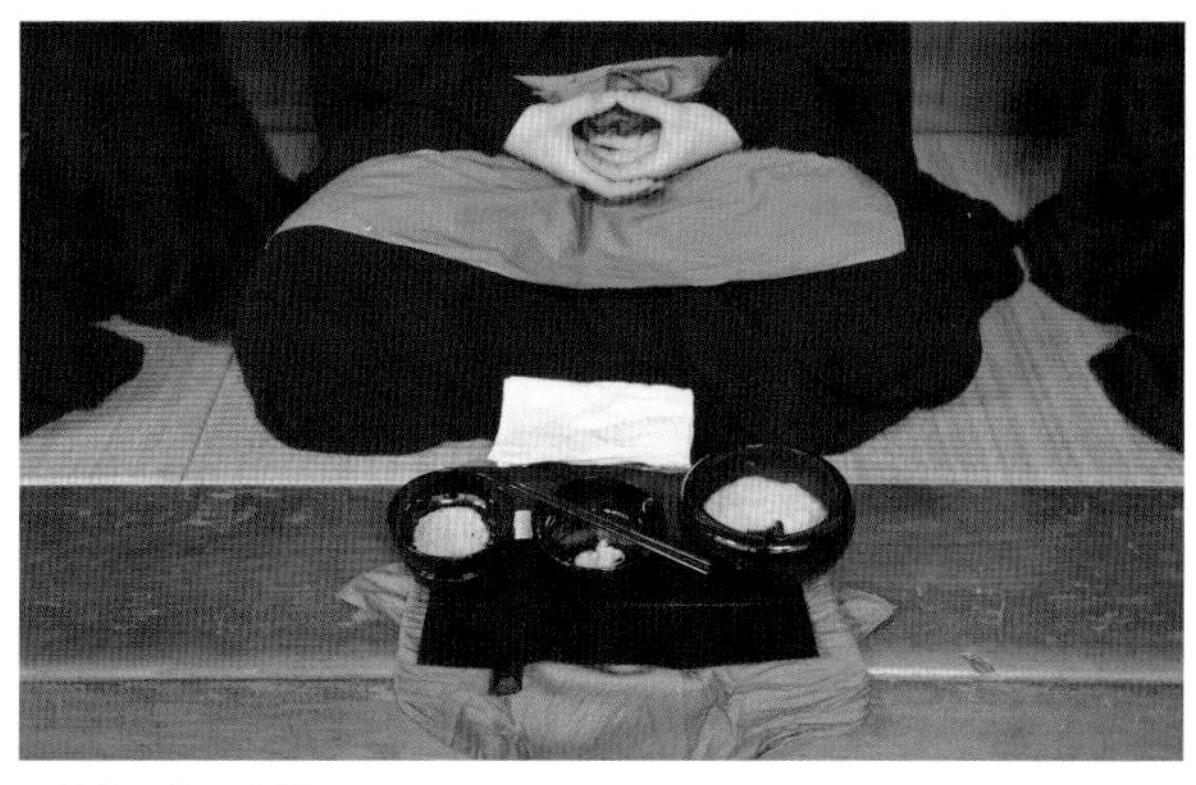

給仕の後の坐禅
全員の給仕が終わるまで、静かに待つ（提供 大本山永平寺）

僧堂の食事風景
給仕された器を捧げ、丁寧にいただく（提供 大本山永平寺）

ビギナーズ 日本の思想

道元「赴粥飯法」

道元
石井修道＝監修

角川文庫
24216

はじめに

古今東西、人の生活は衣食住という三大要素を必要とする。本書『赴粥飯法』は、そのなかでも「食」について述べた道元禅師の著作である。

日本には、食事の時に「いただきます」、「ご馳走さま」と唱えて感謝する慣わしがある。「馳走」の語は、食事の準備に走りまわる意から生まれたといわれている。そこには、本書の道元禅師の教えもまた無縁ではない。

私たちがご飯やお粥をいただくまでには、実に多くの人の手を経ている。農家が種をまき、田植えをし、実れば稲刈りをし、精米し、それらが調理され、食べようとしている人のもとへと運ばれてくる。曹洞宗で食事をいただくときに唱える偈（お唱えごと）には、これらのことに思いを馳せ、たずさわった人々の苦労へ感謝することが示されている。また、食べた者が一人で満足するのではなく、食べ物に困っている人にも分かち与えようという、他者への思いやりも多く説かれている。『赴粥飯法』は、曹洞宗の僧侶の基本の行動規範であり、道元禅師による「食」に対する教えを説く書なのである。

そのような本書は、食事作法について、一挙手一投足の動きや注意事項を極めて詳細に記している。読まれた方は、道元禅師が示す教えがあまりにも細かいことに、きっと驚きを持たれるに違いない。しかしこれは、修行する者を規則で縛って不自由にすることを意味しない。示されている作法は、最も合理的で無駄の無い、崇高な美を体現しているものである。本書の姉妹編ともいうべき『典座教訓』にも、食を作る心構えや、それを担う典座の職はさとった仏のはたらきと同じであることなどが詳しく記されている。

こうした「食」だけでなく、道元禅師は「衣」「住」についても示されている。『正法眼蔵』「伝衣」巻や『正法眼蔵』「袈裟功徳」巻では、僧侶がまとう袈裟について、その着け方、洗い方、作り方などを詳細に説く。頭を剃り、袈裟を着けることで、さとりが完成されることが説かれている。

また、「住」については、本書でも示される「僧堂」が大きく関係している。京都で初めて開かれた興聖寺について、道元禅師は説法を行う法堂よりも、先に僧堂が建立されることが大事だと述べた。修行者が坐禅を実践すると同時に、そこで食事をとり、睡眠までもとる僧堂は、修行者の生活の道場なのである。

現在の曹洞宗の住職にとって、最大の行事は「晋山結制」である。これは、正式に住職に任命される「晋山」に因んで結制（一定期間を定めて居住して）修行することである。その際、曹洞宗宗務庁から届けられる「制中口宣」には、「二時行鉢は専ら赴粥飯法に準じ」とある。「二時行鉢」とは、朝はお粥、昼はご飯を鉢（応量器）を用いて食事をするという意味である。このように、今日の曹洞宗においても、道元禅師の『赴粥飯法』は受け継がれているのである。

この度『赴粥飯法』を刊行できたことは、本当に慶賀に堪えない。この機会を与えていただいた関係の方々に感謝申し上げたい。

石井修道

道元「赴粥飯法」目次

はじめに　3

『赴粥飯法』

凡　例

一、底本は駒澤大学図書館所蔵の『永平元禅師清規』（京都婦屋林伝左衛門、寛文七年〈一六六七〉）を用いた。

二、本文は、訓読文・現代語訳・解説で構成し、訓読文の内容をもとに、全体を二四段に区切り、それぞれにタイトルを付した。

三、底本の旧字・異体字・俗字は、原則として新字に改めた。また、明らかに誤字と判断される文字は修正のうえ、巻末の原文において該当の文字に＊を付した。

四、現代語訳の太字表記は、実際に発声する偈文や文言を示している。偈文の読みは、基本的に曹洞宗宗務庁より刊行されている『曹洞宗日課勤行聖典』（修訂第十八刷）に基づいた。

五、本文中のカッコ表記について、（　）は語句等の補足、〈　〉は割注、〔　〕は注釈に用いた。

『赴粥飯法』

一、食事と仏法

経に曰く、「若し能く食において等なれば、諸法も亦た等なり、諸法等なれば、食においても亦た等なり」と。

方に法をして食と等ならしめ、食をして法と等ならしむ。是の故に、法、若し法性なれば、食も亦た法性なり。法、若し真如なれば、食も亦た真如なり。法、若し一心なれば、食も亦た一心なり。法、若し菩提なれば、食も亦た菩提なり。名等義等〔名も等、義も等〕、故に「等」と言う。

経に曰く、「名等義等、一切皆な等、純一にして雑無し」と。

馬祖曰く、「法界を建立すれば、尽く是れ法界、若し真如を立すれば、尽く是れ真如、若し理を立すれば、尽く是れ理、若し事を立すれば、一切法は尽く是れ事なり」と。

然れば則ち、「等」とは等均・等量の「等」に非ず。是れ正等覚の「等」なり。正等覚は本末究竟等なり。本末究竟等とは、「唯仏与仏、乃能究尽、諸法実相」なり。所以に、食は諸法の法なり。唯だ仏と仏とのみ究尽したもう所なり。正当恁麼の時、実の相・性・体・力・作・因・縁有り。是を以て法は是れ食、食は是れ法なり。

是の法は、前仏・後仏の受用したもう所たり。此の食は、法喜・禅悦の充足する所なり。

『維摩経』「弟子品」では、「もし、食（食材や食事）に対する心持ちや行いが、仏の心持ちや行いと『等』であるならば、あらゆる仏の教えや一切の存在もまた『等』である。また逆に、あらゆる仏の教えや一切の存在が、全ては真実の現れであるという仏教の道理と『等』であるならば、食（食材や食事）に対して湧き起こってくる美味・不味などといったあらゆる心持ちや行いも真理と『等』である」と説かれている。

これはまさに、「仏のあらゆる教えや一切の存在は、全て真実である」という仏教の真理をもって、食（食材や食事）に対する想いや行為の本来的なありようを、その真理と「等」とさせているのであり、また、「食（食材や食事）の全ては、優劣なく素晴らしいもの」と受け止める仏教の道理をもって、仏のあらゆる教えや一切の存在の本来的なありようを、その道理と「等」とさせていることに他ならない。

そのため、あらゆる仏の教えやものごとが「真理の本質（法性）」であれば、食もまた真理の本質である。

あらゆる仏の教えやものごとが「真実そのもの（真如）」であれば、食もまた真実そのものである。

あらゆる仏の教えやものごとが「一つの心（一心）」に他ならないのであれば、食も一つの心に他ならない。

あらゆる仏の教えやものごとが「さとり（菩提）」であれば、食もまたさとりである。文字表現もその内容も、真実と違わないために『等』というのである。

ある経典では、「文字表現もその内容も真実と異ならない。全てがみな仏の教えにかなっており、まじりけがなく一つであり、余分なものはない」と説かれている。

また、中国の高名な禅僧である馬祖道一（七〇九〜七八八）は、「この世の全ては何らかのつながりによって成り立っている。だからこそ、全世界を打ち立てれば一切が全世界となり、真実そのものを立てればあらゆるものごとが真実そのものとなる。真理を立てれば全てが真理となり、現実の事象を立てれば全てが現実の事象となる」と説いている。

このようであるため、ここでいう「等」とは、単に「質や量が同じ」という意味の「等」ではない。これは、「欠けることのない正しいさとり」（正等覚）の「等」である。いってみれば、「欠けることのない正しいさとり」とは、あらゆるものごとが真実として映るさとりの境地の景色も、貴賤・優劣などといった世俗的な価値判断による景色も、その本質は同じと見極めること（本末究竟等）なのである。

この「本末究竟等」とは、『法華経』「方便品」で説かれるように、「ただ、さとりの境地にある仏同士だけが一切の真なるありようを極め尽くしている。その仏の世界においては、全ての存在それぞれの営みが、無上の真実として具現する」ということである。だからこそ、「等」である食は、あらゆる存在における理であり、さとった者同士の真実の営みに他ならないのである。

まさにこの時に、真実（実）の姿（相）・性質（性）・形（体）・能力（力）・作用（作）・直接的な原因（因）・間接的な原因（縁）が明らかに立ち現れる。

このようであるため、仏教の真実は食であり、食は仏教の真実に他ならない。この理は、仏の境地に到った人々が、時代を超えて受け継ぎ、実践してきたことである。こうした仏法としての食は、聞法や坐禅といった無上の喜びが円かに満ちる、真実の当処なのである。

『赴粥飯法』は、禅の修行僧が「食をいただく」時の心構えや作法を教える道元禅師（一二〇〇～一二五三）【写真1】の著述である。冒頭に当たるこの段落には、食事に対する道元禅師の想いがぎっしりと詰まっており、全体の中でも特に熱量が高い。いわば、『赴粥飯法』の思想的あるいは精神的な支柱といっても過言ではなく、教えの源泉でありながら、本書全体の到達点ともいえる。食は単なる生活の一部ではない。この上もない仏道修行としての価値が与えられており、「一度一度の食事は、仏のさとりにかなった仏法の営み」であることが説き示されている。

写真1　道元禅師

この段落では、『維摩経』などの仏典をよりどころとして、道元禅師の志向が示される。ちなみに、『維摩経』は正式名称を『維摩詰所説経』といい、維摩詰という居士（在俗の仏教信者）を主人公にした大乗仏教の経典である。維摩詰は、出家こそしていないが仏教のあらゆる教えに精通しており、釈尊の十大弟子（釈尊のもとにいた極めて有能な一〇人の弟子）に勝るとも劣らない高徳の士であった。維摩詰が語った一節に基づいて、「自らの行いが仏の教えにかなうようであれば、食という平常の行為も、真実が円(まど)かに現れる輝かしい仏道となる」ことが説かれる。さらに、「食」と「法」と「（自らの）行い」とが、さとりの営みとして、優劣差別のない「等」であることが説き示される。

このような考え方は、場合によっては現実から掛け離れた特異な境地として捉えられることもある。つまり、ひどく理念的な世界観のように認識されることも少なくないのである。しかし、これが道元禅師の恣意的(しいてき)な見方であるかというと、そうではない。伝統的な禅の立場に裏づけられている。

禅では、一般的に遥(はる)か彼方(かなた)にあると見なされるさとりの境地を、自分の日常の行いの中にあるとした。これを、「日常底(にちじょうてい)」という。端的にいえば、「自己の営みと別にさとりがあるわけではない」ということ、もしくは「さとりと自己は常に一つ」といってもよい。この真実を間違いなく感じ取り、自家薬籠中(じかやくろうちゅう)のものとなし得るか、これこそが禅の根源的な命題といえる。道元禅師の宣言ともいえるこの段落の説示は、こうした禅のさとり（仏）の境界(きょうがい)から語られた、道元禅師における「食の本質」なのである。

こうしたことが、馬祖道一の言葉によって、より鮮明に示される。馬祖道一は、中国唐代の禅僧である。しばしば、「中国の禅宗は実質的には馬祖から始まった」と称されるほど傑出した人物として名高い。あるいは、現在でも広く知られる、「平常心是道」や「即心是仏（即心即仏）」といった禅語の生みの親といった方が身近に感じられるかもしれない。

ここに出てくる、「今ここに法界を立てれば全てが法界となり、真実を立てれば全てが真実となる」という馬祖の言葉は、『景徳伝灯録』などの禅籍に散見される、よく馴染んだ禅話である。一つの捉え方に連動して、世界のありようもそれと同じように把握されるという意味で、「法界（仏法に包まれた世界＝全ての世界）」や「真如（普遍的な真理）」といった仏教用語により、真理の変化が一つ起これば、それがあらゆる事象に波及することが示される。

例えば、馬祖道一は、「平常心是道」と説いた。平常心（普段の心）こそ仏道であり、さとりの境地に他ならないという。それは、「何気ない毎日が掛け替えのない仏の日々」ということでもある。ある時は崇高なさとり（仏）の心（営み）、ある時は未熟な修行者の心（営み）などということはあり得ない。禅には、ことさらに厭うべきことも、願うべきこともなく、ただ仏道に精進する真摯な心（営み）があるだけ。ここにおいて、平常心は「仏の心・仏の営み」となる。世界は、その平常心（仏の心・仏の営み）でいっぱいになり、一切は「さとりの心」として等しくなる。馬祖の言葉には、これほどの意味が含まれている。

　こうした『維摩経』の経文や馬祖の言葉によって説き示された「等」の一字は、単にものの長さや量が「等しい」という意味ではなく、「正等覚」の「等」、すなわち仏法の本質を究め尽くす「さとりの智慧」として、身心に銘じなければならないという。道元禅師は、これを『妙法蓮華経』（『法華経』）の経文によって明言する。

『法華経』は、道元禅師が最も引用した経典であり、大乗仏教の世界では「諸経の王」といわれるほど大きな影響力をもつ。全体は、八巻二八章（かつては七巻二七章）で構成され、特に、それまで成仏（さとって仏と成ること）が認められていなかった者たちについて、成仏の可能性を広げたところが大きい。通例は、主要な教えを説き開く「方便品」（第二章）と、仏（とその教え）の寿命が限りないことを示す「如来寿量品」（第一六章）を要所と見る。

ここでは、「方便品」の中で十如是（相・性・体・力・作・因・縁・果・報・本末究竟等）として詳説される「諸法実相」の一段が引用されている。この「本末究竟等」の「等」が、先に述べた「正等覚」の「等」に通じ、『赴粥飯法』の全体を貫く「等」に重なる。

「諸法実相」とは、大乗仏教において非常に広い範囲に普及した、『法華経』の重要な思想である。これは、「一切を正しく見通し、世の理を究め尽くした仏の立場からすれば、あらゆる物事は等しく真実に他ならない」と理解される教えである。つまり、「さとりの境地から見れば、全ては、究極的には仏法（真理）にかなっている」ことを意味する。

道元禅師は、この教説をよりどころとして食が仏法（真理）の現れであり、仏の営みであると念を押す。そして、こうした食のあり方こそ、仏が代々伝え続けてきた道理であり、まぎれもなく仏の教えが実現している、いまこの時なのだと強調する。

このように、ここでは全体を統合する言葉として、「等」の重要性が示されている。いわば、「仏の教えや、あらゆる存在の営みというのは、表面上はそれぞれ異なって見えるが、本質としては全て等しく真実である」という仏教の道理によって、食（食材や食事）に対して生じるさまざまな想いや行いを、その道理と「等」とする。また逆に、「食（食材や食事）に対して湧き起こってくるさまざまな想いや行いも、その本質は、素晴らしい仏法の営みとして等しく受け止められる」と見て、さとりの境地から世の全てを「等」とする。

この「等」の意味するところが、『赴粥飯法』の全体を貫く基本軸となる。

二、食事の知らせ

粥時は開静已後にて、斎時は三鼓已前にて、先ず食位において坐に就く。斎時に、三鼓の後、大鐘を鳴らすは、斎時を報ずるなり。城隍には先ず斎鐘、山林には先ず三鼓なり。

此の時、若し面壁打坐の者、須く身を転し、正面にして坐すべし。若し堂外に在る者も、即ち須く務めを息めて手を洗いて浄からしめ、当に威儀を具して、堂に赴くべし。

次に版を鳴らすこと三会、大衆、一時に入堂す。入堂の間、黙然として行きて、点頭語笑することを得ざれ。一時に入堂し、堂に在りて言語説話することを得ざれ。唯だ黙するのみ。

一　朝食の時は坐禅の終わりを告げる合図（開静）の後、昼食の時は太鼓が三回鳴る前、まずは僧堂内の食事をする席（食位）で坐禅をして食事の時を待つ。昼時に三回太鼓が鳴った後、大きな鐘が鳴るのは、昼食の知らせである。もし、寺院が町の中（城隍）にあれば、鐘が鳴ってから太鼓が鳴る。しかし山中にあれば太鼓が三回鳴ってから鐘が鳴る。

この鐘が鳴る時、壁に向かって坐禅（面壁打坐）している者は、体の向きを反転させて坐禅しなければならない。もし、僧堂の外にいる者があれば、すぐに与えられた務めを中断し、手を洗い清め、身なり（威儀）を整えて僧堂に向かわなければならない。

次に厨房に掛けられている雲版（版）が、初めは等間隔にゆっくりと、次第に間隔を縮めて打ち鳴らされる。これが三回繰り返される（三会）間に、修行僧たち（大衆）は一斉に僧堂に入る。僧堂に入る時は黙って行動し、他の者とうなずき合ったり（点頭）、談笑したりしてはいけない。一斉に僧堂に入った後、堂内では言葉を発してはいけない。ただ黙っているばかりである。

前段は、本書の全体を貫く「等」を説く思想的な部分であった。この段落から、実

写真2　鼓（太鼓）

際の食事作法が語られる。記載されている内容は、僧堂（修行僧が就寝・食事・坐禅に精励する建物）を始めとする禅の道場の作法、およびその作法に生きる禅僧の実生活が基準となっている。ただし、そこで説き示されている作法や心構えの中には、普段の食事に通底する事項も多くあることに気が付くであろう。なお、道元禅師の当時と現在とでは、僧堂での動き方や道具などに相違がある。そのため、作法にも現在とは異なる点が少なくない。

さて、この段落ではまず鳴らし物によって食事の席に着くことが示される。禅宗の寺院では、古来、鐘や太鼓などによって、時刻やさまざまな行いのタイミングが知ら

写真3　内外に知らせる大鐘（梵鐘）

されてきた。これは、「黙して行う」のが禅僧の基本であり、原則として修行道場では決められた場面や特定の建物内でしか言葉を発することが許されてこなかった伝統による。修行道場は多様な鳴らし物によって運営され、修行僧は各種の音（合図）によって行うべきことを判断し、規範に従って行動する。特に、僧堂（坐禅堂）・東司（お手洗い）・浴司（お風呂）の三所は、一言一句発してはならない場所とされ、今日では三黙道場と称される。これは、現在でも大きくは変わらない。

まず鼓【写真2】と鐘【写真3・4】によって時刻が告示される。鼓は太鼓、鐘はつりがねのことで、修行道場では日常的によく使われる。鼓も鐘も、さまざまな大きさや形のものがあり、目的によって用途が分かれる。現在でも、鼓と鐘によって時刻

写真4　僧堂などに釣り下がる鐘

が知らされている。

次に、雲版（雲板とも）【写真5】という鳴らし物によって入堂が告げられる。これは、雲の形を模した金属製の板であり、長版・火版などとも呼ばれる。厚さは二センチメートル程度、縦横は五〇〜六〇センチメートル程度で、青銅製や鉄製であることが多い。食事を作る建物（庫裡・庫院と呼ばれる）に吊り下げられており、木槌で叩いて食事ができたことを知らせる。その音はよく響き、修行道場のどこにいても聞こえるほどである。

こうした鳴らし物の、音の大小、回数、使用器物の組み合わせ、鳴る順番などによって、それぞれの音に特定の意味が与えら

写真5　食事の準備を告げる雲版
（提供　大本山永平寺）

れる。『赴粥飯法』で示されるいくつもの告知も、修行道場における日常の風景である。

曹洞宗の修行道場では、原則として坐禅を行う僧堂（坐禅堂）で食事をいただく。そのため単（坐禅を行う席）に上り、坐禅の姿勢で食事に臨む。現在では、他の宗派が概ね食事専用の食堂などを用いるのに比べて非常に特徴的である。ちなみに、同じ禅宗でも臨済宗や中国の寺院では食堂を用いる場合が多い。

曹洞宗の坐禅は、壁を向いて坐る「面壁」の坐禅【写真6】であり、これが独自のスタイルとなっている。食事の前は坐禅の時間であるため、僧堂内の者は壁を向いて坐っていることになる。その体勢で食事の開始が告げられるため、坐禅をしている者

写真6　面壁坐禅（壁を向いて坐る）

は準備のために反対側を向く必要がある。この段落で、坐禅をしている者に反転の指示があるのは、こうした事情による。

道元禅師は、食事も大切な仏道修行であることを強調する。このようにいうのは何も、道元禅師だけではないが、こうした「僧堂での食事」ということにも、食事を単なる生活の一部としない強い意志が見て取れるのである。

三、僧堂の入り方（入堂）

【合掌の仕方】

入堂の法は、合掌を面前に擎げて入る。合掌は、指頭、当に鼻端に対すべし。頭低るれば、指頭も低る。頭直ければ、指頭も直し。頭、若し少しく斜めなれば、指頭も亦た少しく斜めなり。其の腕、胸襟に近づかしむること莫かれ。其の臂、脇下に築かしむること莫かれ。

【前門と後門】

前門より入る者は、上下間の者と並に南頬より入るべし。先ず左足を挙げて入り、次に右足を入れて行く。北頬幷びに中央より入らざる所以は、蓋し住持人を尊崇すればなり。住持人、当に須く北頬幷びに中央より入るべし。若し中央より入らん者は、先ず右足を挙ぐる、乃ち正儀なり。聖僧の前において問訊し訖りて、右に身を転しめ、位に就く。

首座入堂の路は、雲堂の北簷頭下を経て、前門の南頰より入る。後門より入る者と、上間の床の者とは、北頰より入る。先ず左足を挙ぐ。下間の床の者は南頰より入る。先ず右足を挙ぐ。聖僧の後において、東に向かいて問訊し訖りて座に赴く。

【食事の席順】

粥飯の坐位、或いは戒臘の資次に依り、或いは掛搭の前後に由り、或いは被位の在処に依るなり。但し安居の間は、必ず戒臘の資次に依るなり。

合掌の仕方

僧堂の入り方について。最初に、顔の前で手をあわせ（合掌）、そのままの姿勢で歩み入る。合掌の時は、合わせた手の指先と鼻先の高さが合うようにしなければならない。頭を下げて礼をする時は、動きに準じて合掌した手も下方に傾き、頭を元に直す時は、指先もまっすぐに直る。頭を少し斜めに下げる時は、指先もまた少し斜めになる。合掌した時の腕は胸元に近づけ過ぎてはいけないし、肘も脇の下に付けてはいけない。

前門と後門

僧堂正面の入口（前門）より入る時は、堂内の上間に坐る者も、下間に坐る者も、みな入口の南頬から入る。この時、まず左足で入口の敷居を跨いで入り、次に右足で跨いで進む。入口の北頬や中央から入らないのは、そこから入る住職に敬意を払うためである。

そうであるから、住職は必ず入口の北頬側、あるいは中央から入らなければならない。もし、中央から入る人であれば、まず敷居を右足で跨いで入るのが正しい作法である。住職は僧堂に入ったら、中央に安置されている尊像（聖僧）に向かって挨拶の合掌一礼（問訊）をする。終わったら、右回りで体の向きを変え、自らの席に着く。

なお、修行僧のリーダーである僧（首座）が僧堂に入る順路は、僧堂（雲堂）

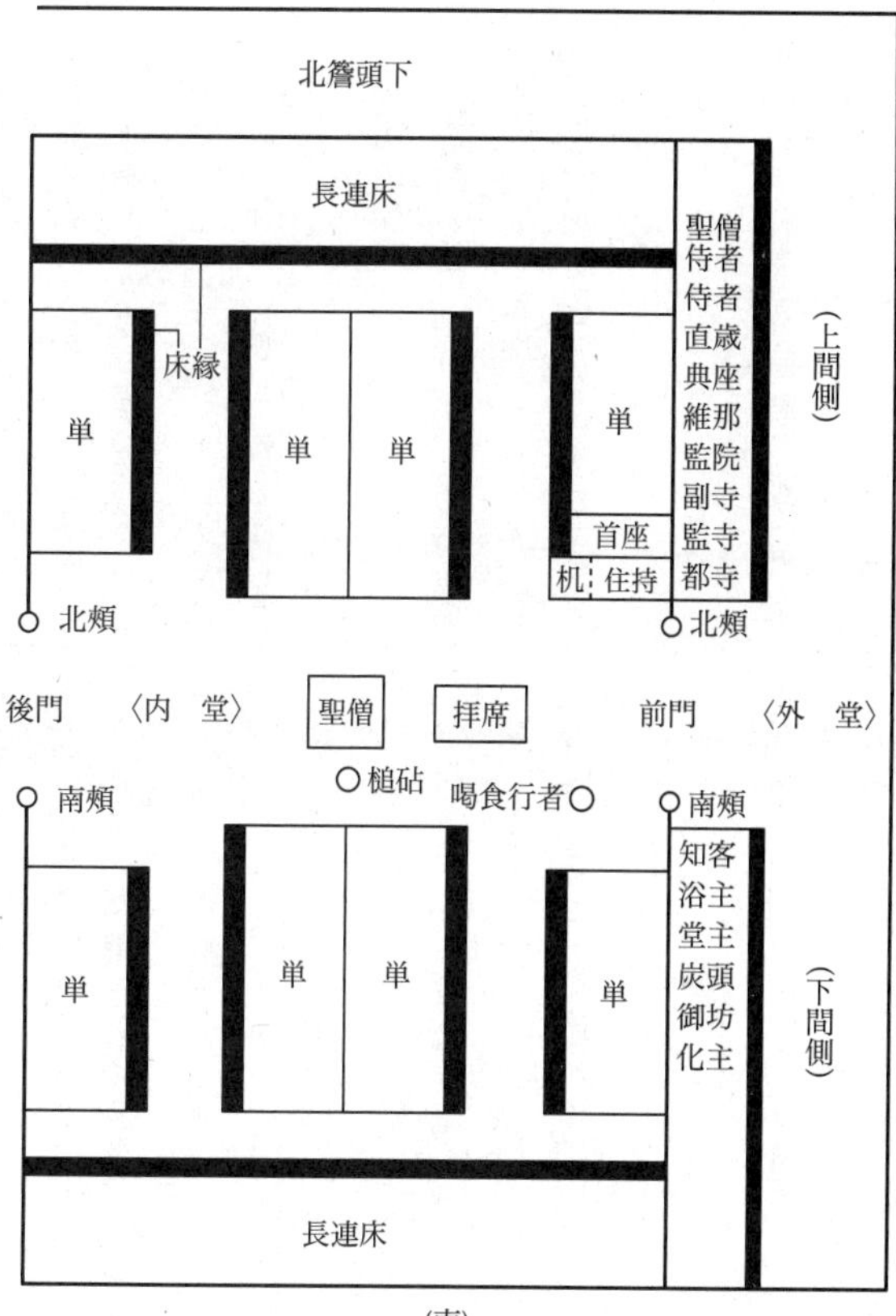

図1　僧堂図（黒塗部は床縁）

北側の廊下（北簷頭下）を通って、正面入口の左端から入る。

僧堂後方の入口（後門）より入る場合は、僧堂内の上間の床に坐る者は後方入口の北頬より敷居を左足で跨いで入る。僧堂内の下間の床に坐る者は後方入口の南頬より敷居を右足で跨いで入る。そして聖僧の後方で、聖僧の方角（東）に向かって一礼し、終わったら席に着く。

食事の席順

朝食（粥）・昼食（飯）の時に坐る場所は、出家した順番（戒臘）、あるいはその寺院に入って修行を始めた順番（掛搭）、あるいは坐禅や睡眠を取る場所（被位）の位置によって決まる。ただし、寺院に籠もって修行に励む九〇日間（安居）は、必ず出家した順番によって坐る場所が決まる。

ここでは、僧堂（坐禅堂）【図1、写真7・8】への入り方が示される。曹洞宗では坐禅と同じ姿勢で食事をいただく。そのため、僧堂は坐禅だけでなく食事の道場でもある。ただ、その作法に先立って合掌【写真9】の仕方が説き示されているのは注目

写真7　僧堂内部の一例

写真8　僧堂外観（提供 大本山永平寺）

写真9　指先が鼻の高さと等しい合掌

される。これは、常に一挙手一投足を疎かにせず、仏道に対していつも真摯に臨むよう教える、道元禅師なりの厳しさであり、優しさでもある。

古来、特定の場所に出入りする際には、作法が定められていることがある。例えば、茶道では茶室に、弓道では射場に出入りする際の決まりがある。こうした規範は、その場所が平常とは異なる特別な空間であることを意味し、ある種の結界的な機能を生み出すものと考えられる。実際、現在でも永平寺などでは、年齢や地位などにかかわらず、その人が修行道場と無関係であれば、原則として僧堂の内部に立ち入ることはできない。入堂が許されているのは、その道場に身を置く修行僧や、特定の役職が与えられた僧侶などである。修行道場は、そのようにして仏道修行の純然さを保ってきた。

写真10　僧堂中央の聖僧

僧堂の中央には、通例、聖僧【写真10】と呼ばれる像が安置されている。僧堂の本尊に相当し、曹洞宗では僧侶の姿をした文殊菩薩の木像であることが多い。聖僧に文殊菩薩が選ばれるのは、「文殊菩薩は、真理を見通す仏の智慧の化身」という仏教の伝統的な考え方が影響している。つまり、僧堂で坐禅に励む修行僧は、文殊菩薩を手本としてその智慧にあやかり、円満に仏道を成就することができるよう、深い願いが込められていると考えられている。

最後の部分では、食事の席順に関する規定が示されている。席次には色々な基準や次第があるが、特に重要なのは戒臘と安居の期間である。

戒臘とは、別に「法臘」ともいい、「僧侶になってからの年数」を意味する。「戒」は個人が遵守すべき規則・規範のこと。「臘」は「臘月」のことで、本来は一二月の別称であるが、年末を意味することから、転じて一年（期間）を指すようになった。

出家して僧侶となるには、仏教の戒を受けなければならず、これを「受戒」という。戒の有無によって、正式な僧侶であるか否かが判断される。こうした事情から、受戒からの期間がそのまま修行の年数とされ、修行道場では序列の基準となる。

安居とは、一定の期間、外に出ることなく寺院に留まって修行することをいう。釈尊の時代に端を発する伝統的な営みで、当時は雨期の間に外出すると、知らず知らずのうちに虫等を踏み潰して殺生を犯す恐れがあるとして、洞窟や寺院に籠もって修行に専心した。雨期の安居であるから、これを雨安居という。

現在の禅宗寺院でも、修行道場に身を置くことを安居と呼ぶ。一期間は九〇日で、一年のうちに夏と冬の二期がある。特に「禁足」あるいは「制中」と称し、安居の伝統に則って一切の外出を控えることを修行の要としている。

四、席に着く方法（上床）

床に上るの法は、隣位に問訊す。所謂、床座に向かいて問訊するは、則ち上下肩を問訊するなり。順に上肩を転ず〈上肩とは左肩なり〉。次に対座に問訊す。

【席の上がり方】

先ず右手を以て左辺の衣袖を斂めて、腋下に圧し定む。復た左手を以て右辺の衣袖を斂めて、腋下に圧し定む。然る後、両手に面前の袈裟を提げ、次に併せて、左手を以て之を提ぐ。

即ち足を双べて、次に床近の地を蹈みて床縁に座す。次に棄鞋す。次に右手を以て床を按さえ、次に左脚を縮めて床に上り、次に右脚を収めて身を挙げて正座して、右脚を圧し敷く。

今云わく、先ず右の手に床を按さえ、次に右脚を縮めて床に上る。次に左の脚を収めて、身を挙げて正座す。左の脚、右の髀を圧し敷きて坐すと。

次に袈裟を展べて膝の上に蓋うに、内衣を露すことを得ざれ。衣を床縁に垂るることを得ざれ。須く身を退くること一鉢許の地にして、以て護浄を明らかにすべし。一には袈裟を安き、二には鉢盂を展べ、三には頭の向かう所、是れを三浄と名づく。

【座位】

都寺・監寺・副寺・監院・維那・典座・直歳・侍者等は、堂外の上間に在りて坐す。

知客・浴主・堂主・炭頭・街坊・化主等は、堂外の下間に在りて坐す。

【食事の始まり】

次に木魚を打つ。衆僧は集定し、響き罷りて到れる者、入堂を許さず。

次に、厨前の雲版の鳴るを聞きて、大衆、一時に下鉢す。

席の上がり方

坐禅の席（床）に坐る方法について。まず、隣の席の人に敬意を払うため、合掌し頭を下げて一礼する。この時、自分の席に向かって一礼することが、両隣の人（上下肩）への挨拶になる〈上肩とは左肩のことである〉。次に右回りで自席の反対側を向き、向かい側の席の人（対座）に挨拶する。

その後、まずは右手で左の袂をまとめて左脇の下に挟み込み、また左手で右の袂をまとめて右脇の下に挟み込む。次に両手で前に垂れている袈裟をたくし上げ、左手でまとめて摑んでおく。

そして両足を揃えたら、後ろ向きの状態で席に近寄り、地面に足をつけたまま、席の縁に腰をおろす。この時に履物は揃えて脱ぐ。次に坐る場所の付近に右手を置き、左足を曲げて席に上げる。次に右足を曲げて席に上り、上体を起こしたら、身を正して坐禅の姿勢を整える。この時、右足は左足の腿の上に置いて坐る。

従来はこのような作法であるが、今は、まず坐る場所に右手を置いたら右足を曲げて上げ、次に左足を曲げて席に上がり、体を起こし、身を正して坐る。この時、左足は右足の腿の上に置いて坐る。

次に袈裟を広げて膝上を覆い隠す。なぜなら、内側の衣を見せてはならないからである。衣が席の端（床縁）から垂れ下がってはいけない。坐る際は、必ず座席の縁から食器一つ分の間隔を空けて坐り、床縁は綺麗に保つことをはっきりさせなければならない。その理由は、そこが袈裟を置き、食器（鉢盂）を広げ、就寝の際に頭が向く場所だからである。これを「三浄」という。

座位

禅宗寺院の取締役の僧（都寺）、事務を司る僧（監寺）、経理を司る僧（副寺）、全体運営を司る僧（監院）、修行僧の指導を行う僧（維那）、食事を司る僧（典座）、建物や器物の管理をする僧（直歳）、住職に付き随って補佐する僧（侍者）などは、僧堂の外（外堂）、上間側の席で坐禅をする。

来客の対応をする僧（知客）、浴室を管理する僧（浴主）、病室を管理する僧（堂主）、薪や炭を管理する僧（炭頭）、渉外として市街に出向く僧（街坊）、信徒の寄進・施財に当たる僧（化主）などは、同じく下間側の席で坐禅をする。

食事の始まり

次に食事の時間を告げる木魚が鳴る。それを合図に、修行僧たちは僧堂に集まって坐禅をする。木魚が鳴り止んだ後、僧堂に入ることは許されない。
次に厨房前の雲版が鳴るのを聞いて、修行僧たちは一斉に食器を準備する（下鉢）。

ここでは、食事の時に座席に着く方法から、食器を準備するまでの流れが示される。第二段に記したように、曹洞宗の食事は僧堂（坐禅堂）において坐禅と同じ姿勢でいただくのが原則である。そのため、まずは席について坐禅の姿勢を取る必要がある。坐禅は、僧堂に設置されている単（単位）や長連床【写真11】で行う。単とは個別の席、長連床は五〜一〇人程度が横並びで一度に坐ることのできる幅の広い座席を指す。なお、「床」は「牀」と表記される場合もある。現在は畳敷きの場合がほとんどだが、古くは木の床であることも少なくなかった。坐禅の時は、ここに坐褥（敷き布団を折り畳んだようなもの、厚めで大きな座布団のようなもの）や蒲団（丸く柔らかい敷物、現

写真11　坐禅、食事、就寝を行う単・長連床

写真12　坐禅の時に敷く坐蒲（蒲団）

写真13　単には役職や名前が掲げられ、席次が示される

在でいうところの坐蒲）【写真12】を敷いて坐るのが常である。なお、現在の永平寺などでもそうであるが、当時から修行僧は単の上で寝起きもしていた。つまり、修行僧に許された個人スペースは畳一畳分であり、そこで坐禅・食事・就寝といった日常生活を送っていたのである。

単や長連床は、概ね地面から五〇〜六〇センチメートル程度の高さに設定される場合が多い。坐禅の時はこの場所に上がるが、その上り方は当時と現在とで、だいぶ異なる。本書の方法では、恐らく床縁に腰を下ろし、そこで脚を組むような姿勢で単に上ることに

写真14　僧堂外堂の木魚

なる。しかし、現在はこのような形ではなく、後ろ向きで坐蒲に腰を下ろし、両足を上げて、坐蒲ごと体を後方にスライドさせるような動作で単に上がる。そして、足を畳に下ろすのと同時に坐禅の姿勢をとる。こうした、当時と現在との違いは、本書の各所はもとより、『正法眼蔵』など道元禅師の著述全体に散見される。

また、第三段では食事の時の席次【写真13】について言及されていたが、ここでは寺院の運営を司る役僧（現在は役寮という）の席次が示されている。古来、禅宗寺院では知事・頭首といった役職が設けられてきた。各役職は、時代や寺院の規模に応じて、統合されたり細分化されたりすることもあり、固定されたものではない。道元禅師の時代には、それぞれに六つの職が充てられていた。これを六知事・六頭首といい、

写真15　テーブルとなる床縁（提供 大本山永平寺）

その職数は現在にも受け継がれている。

さて、僧堂に入った修行僧たちは、吊り下げられている木魚（魚の形をした木の鳴らしもの【写真14】）の音を合図に食事の姿勢をとる。そして、その後に鳴る雲版の音で食事の準備に取りかかる。まず応量器と呼ばれる、修行僧が食事に用いる器類を用意する。置く場所は床縁（牀縁）と呼ばれる、単の縁に設けられた幅二〇センチメートル程度の木の板の上である【写真15】。床縁は、食べ物を置く場所であるため、常に清らかさを保っていなければならない。直接手足で触れることすら許されておらず、腰掛けることなどもっての外である。この限られた範囲が、修行僧たちの食卓となる。

五、器の用意（下鉢）

下鉢の法は、身を挙して、安詳として定より起立し、身を転じて右に廻らして、掛搭単に向かいて、合掌低頭し、略問訊し訖りて鉢を取る。左手に鉢を提げ、右手に鉤を解いて、両手にて鉢を托して、太だ高く太だ低きことを得ざれ。胸に当て、身を上肩に転じ、曲躬して将に坐せんとするとき、鉢盂を上肩の背後に放く。腰背肘臂を将って隣位を撞著することを得ざれ。袈裟を顧視して人の面を払わしむることを得ざれ。

食器の用意について。まずは坐禅の姿勢から静かに立ち上がり、右回りで後ろ側を向き、名札が掛かっている壁（掛搭単）に向かって、合掌して一礼（略問訊）する。一礼したら、壁の鉤に掛かっている食器を取る。

その際は左手で包みごと食器を支え、右手で壁に取り付けられた留め具（鉤）から外して、両手でしっかりと支え持つ。食器を持つ時は、高すぎたり低すぎたりしてはいけない。

食器を胸元につけて両手で持ったまま、右（上肩）回りで体の向きを元に戻す。かがんで（曲躬）坐る時は食器（鉢盂）を自分の左後ろに置く。

この時、腰・背中・肘・腕が隣の人とぶつかってはいけない。また袈裟で人の顔を払ったりしないように十分に注意（顧視）しなければならない。

ここでは、食事の準備にあたって鉤に掛かっている応量器【写真16】を床縁に据え置くまでの所作が示される。

現在、日本で用いられている応量器は、古くインドで用いられていた「鉢」が、仏教の伝播と変遷に伴い、発展してできあがった。そのため、「鉢」とも呼ばれる。複数の器が入れ子状になっており、木製の漆器であることが多い。修行者は、応量器に対して敬意を持ち、僧侶の象徴でもある袈裟と同じように大切に扱わなければならない。そのため、携える時は両手でしっかりと捧げ持ち【写真17】、扱う時には細心の

写真16　単上の鉤に掛けられた応量器

注意を払う。これは、応量器を用いる際の最も基本的な作法であり、心構えである。

インド以来、仏教者は主に在俗の人（出家して僧侶となっていない人）からの施し、すなわち「供養」によって日々の命をつなげていた。供養には、施主が供物を叢林（そうりん）（サンガともいい、修行僧が集まって修行する場所）に寄進する場合と、修行者個人に直接施す場合の二つがある。

こうした供物は、食物が多かったようである。修行者は、これらの供物を鉢でいただいていた。特に、個人に対する供養は、修行者が毎日行っていた托鉢（たくはつ）によることが最も多かった。

托鉢とは、修行者が施しを得るために鉢

を携えて市中などを巡り歩くことであり、これは、釈尊の時代から続けられてきた伝統的な営みである。古くは、午前中にしか許されておらず、食事も正午までと定められていた。

このように、鉢は仏教者が修行を続ける上で必要なものであった。そのため、出家の証（あかし）である衣とともに非常に大切にされていたのである。

写真17　応量器を捧げ持つ修行僧

六、聖僧への食事のお供え

次に、此の時に当たりて、聖僧侍者、聖僧の飯を供養す。行者、飯盤を擎げ、侍者、合掌して飯を先にして歩む。

侍者、聖僧の飯を供養して後、当面の堦下において問訊し訖りて、槌砧の複袱子を却る。其の後、合掌して歩出し、正面に至りて問訊して、右に身を転じ、堂外に出て、知事床の前を経て位に就く。

次に修行僧たちが食器を用意する時に、聖僧侍者は聖僧に食事（飯）をお供えする。補佐役の僧（行者）がお膳（飯盤）をかかげ持ち、聖僧侍者は合掌して行者を先導する。

聖僧侍者が聖僧に食事をお供えした後、正面の礼拝する場所（当面の堦下）で一礼する。一礼を終えたら、木槌が載った台（槌砧）の前に移動し覆いの布（複袱子）を取る。その後、聖僧侍者は合掌したまま歩き出し、聖僧の正面に戻って一礼し、右回りで僧堂の外に出て、寺院運営を司る僧たち（知事）の前を通り、自らの席に着く。

修行僧が壁の鉤から応量器を外して床縁に準備している時、並行して中央に安置されている聖僧（僧堂の本尊）にお膳が供養される。いわば、聖僧も修行僧とともに修行を行っているのであり、食事をいただくのである。もちろん、供えられる食事は修行僧と同じである。修行道場では、これが毎日行われる。

禅宗寺院における大半の聖僧は、第三段の通り、僧形の文殊菩薩である。ただし、寺院それぞれの歴史やさまざまな事由によって、観音菩薩などが安置される場合もある。聖僧がいかなる尊像であってもお膳をお供えすることに変わりはない。これとは別にインド以来の風習として、食事の際に空席を設けて聖僧の座とし、ここに食事を供える作法もあった。現在のように、聖僧が尊像として据えられ、食事が供えられるようになったのは後世になってからである。

聖僧にお膳を供える役職が聖僧侍者【写真18】である。侍者とは「侍る者」、つま

写真18　聖僧にお膳を供える聖僧侍者

り、「そばに付き随（したが）って身の回りの世話をする者」という意味である。僧堂の本尊である聖僧に仕える役職をいい、食事の供養のみならず、儀礼を通じて入浴等も手伝う。

また、これと似た役目に、「行者（あんじゃ）」がある。この段落でも登場するが、基本的に「行者」は侍者ほど親しく仕えるのではなく、補佐役としての意味がある。ここに登場する「行者」は、聖僧侍者を補佐する立場として、お供えのお膳を聖僧の前まで運ぶ役目を担う。

このように、侍者・行者は、同じように主（あるじ）の側で役目を担う者であっても、侍者の方がより親密だといえる。そのため、行者より高位とされる場合も少なくない。

七、住職の入堂

三通の鼓声、将に罷まんとするとき、堂前の小鐘子鳴る。住持人、入堂す。大衆、床を下ること同じくす。住持人、聖僧を問訊し罷りて、大衆と問訊して、然して後、位に就く。住持人、位に就き訖りて、大衆、方めて床に上る。侍者、住持人に参随して、堂外に下りて排立して、大衆の坐するを候ちて、一時に問訊す。然して後、侍者、棹子を入れて問訊して出づ。住持の鉢盂は、この棹上に安く。

大衆、床に上りて、棄鞋して床下に安き、身を挙して蒲団上に正坐して、参差することを得ざれ。次に鉢盂を托して坐の前に安く。

次に維那入堂して、聖僧の前に問訊し罷りて焼香す。焼香し罷りて聖僧の前に問訊す。問訊し罷りて、然して後、合掌して槌砧の辺に到りて、槌砧を問訊し罷りて、槌を打つこと一下す。或いは槌を打たず。大衆、方めて展鉢す。

聖僧へのお供えが終わると太鼓が鳴らされる。その鳴らし方は、はじめはゆっくり、段々と間隔を縮めて鳴らす打ち方でこれを三回繰り返す（三通の鼓声）。太鼓が鳴り止むと、僧堂前の小さな鐘（小鐘子）が鳴らされる。これを合図に住職（住持人）は僧堂に入る。この時、修行僧たちはみな、一度席から下りる。住職は、聖僧に向かって挨拶の一礼をし、終わったら修行僧たちにも一礼し、その後自らの席に着く。住職が席に着いたら、修行僧たちは再び席に上がる。

侍者たちは、住職に付き随って席に着くのを補佐した後、僧堂の外に出て整列し、修行僧たちが席に着くのを見計らって同時に一礼する。その後、侍者たちは住職の食器を並べる机（桌子）を持って僧堂に入り、それを住職の前に置き、一礼して退出する。住職の食器は、この机の上に置く。

修行僧たちは、席に上がったら履物を脱いで席の下にしまい、体を起こして坐禅の時の敷物（蒲団）の上に正しく坐る。この時、履物や坐禅をする位置が隣の人と不揃いであってはいけない。次に食器を掲げ持ち、目の前に置く。

次に維那が僧堂に入り、聖僧前で挨拶の一礼をした後、焼香を行う。焼香が終わったら聖僧前で再び一礼し、合掌したまま槌砧のそばに赴く。槌砧に向かって一礼し、木槌を取り、一度打ち鳴らす。状況によっては木槌を打たない場合もある。木槌の音を合図に修行僧たちは食器を並べる（展鉢）。

ここでは、聖僧侍者（聖僧の世話役）が聖僧（僧堂の本尊）にお膳をお供えした後、住職が僧堂に入ってきて、全員が応量器を準備するまでの経緯が詳述される。修行道場では、住職も僧堂内の自席に着いて、修行僧と一緒に同じ食事をいただく。住職であっても仏道を歩む一人という意味では、修行僧と等しい「仏法の御子」なのである。

ところで、住職とは「住持職」の略で、「住持」ともいわれる。住持は、寺院に居住していることから、文字の通り「常に寺院にいて、寺院を維持する人」と理解されることが多い。しかし、本来はこのような意味ではない。もとは、「常に仏の教えの中にいて（住まい）、しっかりと仏道を歩む（持つ）者」ということであった。つまり、さまざまな仏教の教えを円満に修め、仏道を実践し、さとりの境地を間違いなく保持して人々を導く者をいう。確かな見識で、寺院に集う人々に正しき教えを説き、修行僧の生活を正しく主導する者、こうした存在が住持に他ならない。後に住持（住持たる人）は、寺院（修行道場）という場において筆頭の職位となった。これによって、住持職（住持たる者が就く職位）が設けられ、略して「住職」と称されるようになったといわれる。

なお、禅宗の寺院では、住持のことを「堂頭」や「方丈」ともいう。「堂頭」は、中国の唐時代の頃に使われ始めた言葉である。当時の中国は、禅宗教団の黎明期であり、それに伴って修行道場の建物も整備されるようになった。境内は、七つの建物（堂）を基本に整えられたことから、禅宗の寺院全体を「七堂伽藍」という。住持は、この伽藍全体を統括する筆頭であることから、堂頭という名称が使われるようになったともいわれる。

他方、「方丈」は、第一段に出てくる『維摩経』に由来する呼称である。『維摩経』の主人公である維摩詰は、居士（在俗の仏教信者）でありながら、あらゆる仏教の教えに精通しており、仏弟子の中の特に有能な一〇人（十大弟子）と問答をして論破できるほど高徳の士であった。この維摩詰の住んでいた居室の広さが、一丈四方（一辺が一丈の正方形）であったことに由来して「方丈」という。ここには仏法の功徳が満

写真19　単に上がって履物を揃える

ちており、維摩詰の説法の時には室内に三万二〇〇〇人が集い、また文殊菩薩の一行がやって来て問答をしたりする際には一度に全員が入ったといわれている。こうした経典の説から、方丈には法界（全ての世界）が収まっていると考えられた。これが、寺院の全体を統括する住持の居室に重ねて理解されるようになり、そこに居住する者（住持）に対する名称として用いられるようになったとされる。

さて、住職が僧堂に入る時、席に着いて坐禅をしている修行僧は敬意を表するために一斉に単から下りる。住職は、聖僧に礼をしてから自席に着き、食事の準備に取りかかる。住職の席は単ではなく椅子である

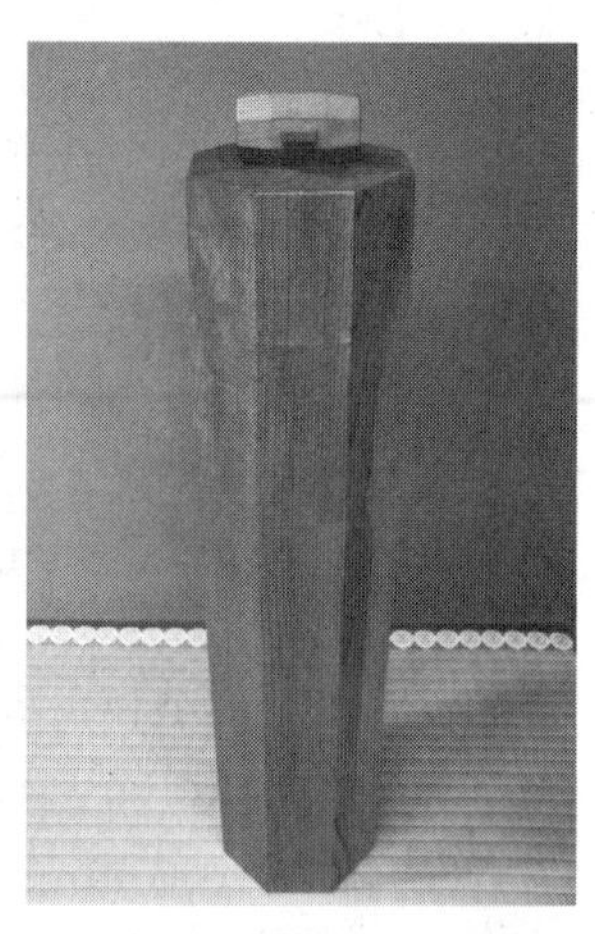

写真20　聖僧脇にある槌砧

写真21　維那は槌を砧に打ち下ろして鳴らす

ため、侍者が外から机を運んできて目の前に設置する。この机が床縁の代わりとなる。準備が整ったら、机の上に住職の応量器を用意する。

修行僧たちは住職に一礼した後、履物をきちんと揃えて再び自席に上がり【写真19】、坐禅の姿勢を取る。その後、目の前の床縁に応量器を準備する。

これに合わせて、維那が僧堂に入り、聖僧の脇に設置されている槌砧（ついちん）を打つ【写真20・21】。槌砧とは、木製の台座に、木槌（きづち）の頭部のような形をした木器を打ち当てて音を鳴らす仏具で、「槌」は打つための器物、

「砧」は台座のことである。それぞれの形や大きさはさまざまであるが、概ね槌は握りこぶし程度、砧は高さ一メートル・直径二〇センチメートル程度の八角柱であることが多い。この槌砧の音を合図に食事の用意が始まるのである。

なお、維那とは、禅宗の寺院で修行僧を監督・指導する役職（六知事の一つ）である。法要では読経に先立って経典名を宣言したり、回向（読経の功徳を多くの人々などにめぐらす願いの文言）を読み上げたりするなど、修行の一つ一つを先導する重要な役を担う。

八、食器の並べ方（展鉢）

展鉢の法は、先ず合掌して鉢盂の複帕の結びを解きて、鉢拭を取りて、襞畳して小ならしめよ。所謂、小ならしむるとは、横に一半を折り、竪に三重に折りて、横に、頭鎮の後に安く。やや匙筯袋に等しくす。鉢拭の長さ、一尺二寸〈布一幅なり〉。

匙筯袋を鉢拭の上に放き、次に浄巾を展べて、以て膝を蓋う。

次に複帕を開きて、身に向かうの一角を床の縁に垂る。

次に外に向かう一角を裏に向かわしめて折る。

次に左右の角を裏に向かわしめて折り、鉢盂の底の辺に至らしむ。

次に両手を以て鉢単を開きて、右手を覆せて身に向かうの単縁を把りて、以て鉢盂の口の上に蓋う。即ち左手を以て鉢盂を取り、単上の左辺に安く。

次に両手の頭指を以て鐼子を迸取す。小より次第に之を展べ、声を作すことを得ざれ。坐位、やや窄きが如きは、ただ三鉢を展ぶ。

次に匙筯袋を開きて匙筯を取る。出すときは則ち筯を先にし、入るるときは則ち匙を先にす。鉢刷同じく帒裏に在り。匙筯を出して横に、頭鐼の後に安く。匙筯の頭は上肩に向かう。

次に鉢刷を取り、縦に頭鐼と第二鐼との中間に安く。刷の柄は外に向け、以て出生せんを待つ。

次に匙筯袋を折りて小ならしめ、頭鉢の後の単の下に挿む。或いは鉢単の後に置きて、鉢盂巾に幷せて横に安く。


食器の並べ方について。まず合掌してから食器の包み（複帕）の結びをほどき、一番上に置かれている食器を拭く布巾（鉢拭）を取り、畳んで（襞畳）小さくする。どのくらいの大きさにするかといえば、横に半分、縦に三つ折りにする。折り畳んだ鉢拭は横向きにして食器（頭鐼）の手前に置く。その大きさはだいたい

匙《さじ》と箸《はし》が入った袋（匙筋袋《しちょたい》）と同じくらいになる。鉢拭の長さは一辺約三六センチメートル（一尺二寸）である〈これは、おおよそ布一幅分の長さである〉。

食器の上に置かれている箸袋は鉢拭の上に置く。膝《ひざ》に掛ける布（浄巾《じょうきん》）を広げて膝を覆う。

食器を包んでいる布（複帕）を開き、手前側の布角を取って広げて床縁《じょうえん》側に垂らす。

次に奥側にある布角を取り、手前に持ってきて広げ、裏に折り込む。

次に左右の布角を取って広げ、食器の底まで折り込む。

次に、両手で食器の下に置く敷物（鉢単《はったん》）を広げる。広げる時は右手の甲を上にして鉢単の手前角（単縁《たんえん》）をつまみ、食器を覆うようにその場で広げる。そして、左手で食器を持ち上げて鉢単を下に敷き、食器は鉢単（単上《たんじょう》）の左側に置く。

次に両手の親指で入れ子状になっている器（鐼子《くんす》）を、親皿である頭鉢《ずはつ》から一枚ずつ取り出す。小さい食器を右から順番に並べるが、その際、音が鳴らないようにしなければならない。もし坐《すわ》る場所が少し狭い場合は、三つの器だけを取り出す。

次に匙と箸が入っている袋を開いて、中から箸（筯）と匙を取り出す。取り出す時は箸が先であり、戻す時は匙が先である。食べ終わった後の器をぬぐう小さなヘラ（鉢刷）も同じく箸袋の中に入っている。箸・匙を出したら、横向きにして一番大きな取り皿（頭鐼）の手前側に置く。その際、箸や匙の柄は左側を向くようにする。

次に、箸袋から鉢刷を取り出したら縦向きにして、一番大きな取り皿（頭鐼）と二番目に大きな取り皿（第二鐼）の間に置く。柄の部分を奥側に向くようにすることで、後ほど行う供養の作法（出生）に備えておく。

次に、箸袋を折り畳んで小さくし、頭鉢が置いてある鉢単の下に挟み込む。状況によっては鉢単の手前に置いて、鉢拭とも呼ばれる食器を拭く布巾（鉢盂巾）に合わせて横向きにする場合もある。

ここでは、食事をいただくための準備が説き示される。決められた手順に則り、複数の器が入れ子状になっている応量器から各器を取り出し、床縁にきちんと展げるのである【写真22・23】。応量器を鉢ともいうことから、この作法を「展鉢」という【写

真24】。

詳しくは写真の通りであるが、器の取り出し方を始め、器を並べる位置、布巾の畳み方、箸や匙の向きなど、全ての所作や配置が事細かに定められている。ここでは自分の都合、つまり、この場所に器を置きたいとか、箸をこの向きに準備したいなどという勝手な行いは一切認められない。全員が、等しく、同じように展鉢を行うのである。

なお、本書には記載されていないが、現在では展鉢の際に後述の「聞槌の偈」と「展鉢の偈」が読誦される。この二偈は、併せて「展鉢の偈」ということも多いが、ここでは便宜上、それぞれに対して個別の呼称を用いる。

「聞槌の偈」とは、釈尊の生涯における八つの重大事（八相成道＝降兜率・托胎・降誕・出家・降魔・成道・転法輪・入滅）のうち、特に降誕（生まれる）・成道（さとる）・転法輪（教えを説く）・入滅（亡くなる）の四事をもってその高徳を偲ぶ偈文である。

「展鉢の偈」とは、そうした釈尊の徳によって今のわれわれは応量器を展べて食事を受けることができるのであって、心から願うところは、施主（施す者）・修行者（施される者）・供物（施される物）が等しくとらわれを離れ、さとりの境地を実現すること

写真22　左上から時計回りで 頭鉢・頭鐼・第二鐼・第三鐼・第四鐼・鉢揲

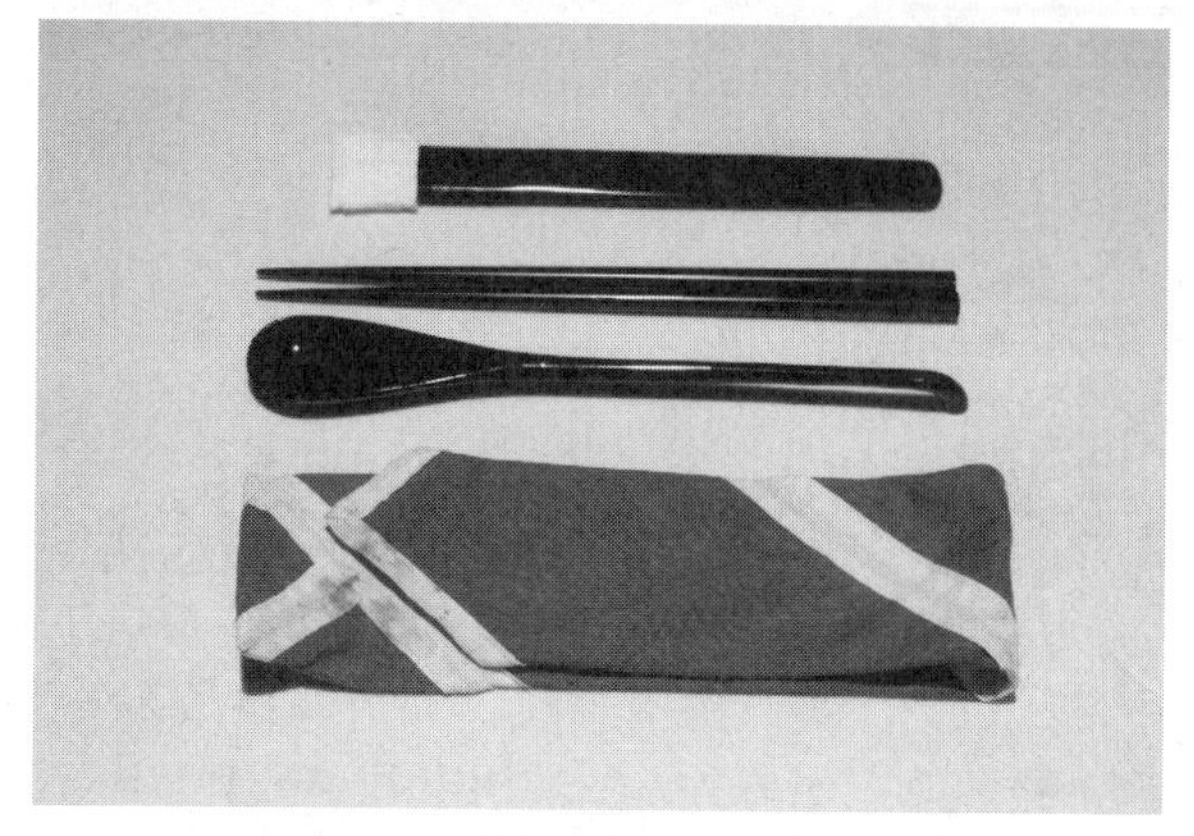

写真23　上から鉢刷・筋（箸）・匙・匙筋袋

床縁に応量器を置く

複帕の結びをほどく

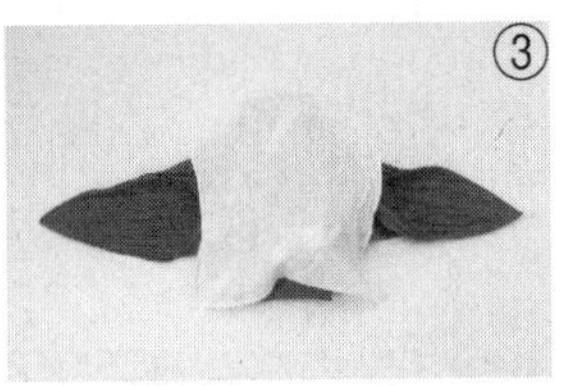

複帕を左右に開く

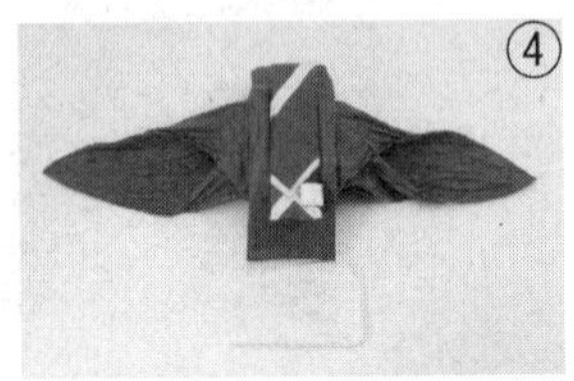

鉢拭を折り畳み、手前に置く

匙筋袋を鉢拭の上に重ねる

複帕を広げて布角を折り込む

器の上にある鉢単を広げて敷く

器を鉢単左側に置く（鉢単等は略す）

親指で鐼子を一枚ずつ取り出す

第三・四鐼を重ねて鉢単右側に置く

第三・四鐼の上に第二鐼を重ねる

頭鉢は左、頭鐼は真ん中に置く

匙筯袋から筯（箸）・匙・鉢刷を出す

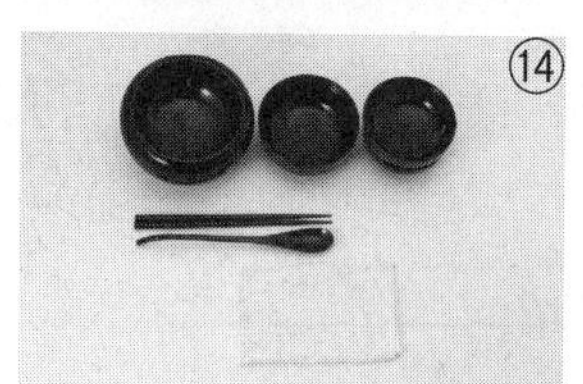

筯・匙を並べる

鉢刷を頭鐼と第二鐼の間に置く

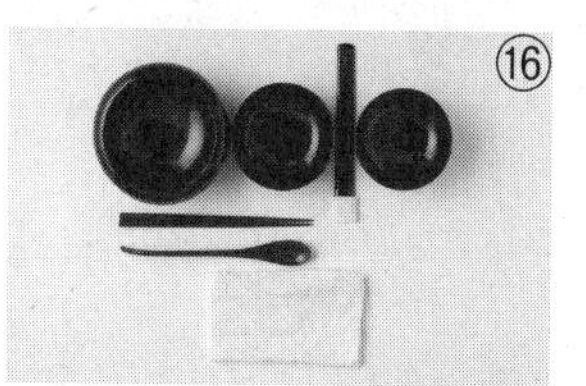

展鉢が終わってお唱えを待つ

写真24　展鉢

（三輪空寂）を高らかに説く偈文である。この二偈を連続して唱える。

「聞槌の偈」
仏生迦毘羅　成道摩掲陀　説法波羅奈　入滅拘絺羅
〔仏はカピラ（迦毘羅）国に生まれ　マガダ（摩掲陀）国でさとりを得て　ヴァーラーナシー（波羅奈）で初めて法を説き　クシナガラ（拘絺羅）で生涯を終えられた〕

「展鉢の偈」
如来応量器　我今得敷展　願共一切衆　等三輪空寂
〔仏の徳をそなえた応量器を　私は今展くことができる　願うところは全ての命あるものと共に　平等に執着から脱せんことを〕

九、食前のお唱え

如し吉凶の斎に遇わば、行香を設け罷りて踞炉す。行香の時、手を挙げて合掌して、語笑・点頭・動身することを得ざれ。当に須く黙坐すべし。次に維那、槌を打つこと一下して曰く。

稽首薄伽梵　円満修多羅　大乗菩薩僧　功徳難思議

〔薄伽梵、円満なる修多羅、大乗菩薩僧に稽首す。功徳は思議し難し〕

今晨修設、疏有り、恭しく雲堂に対して代わりて表を伸宣す。
伏して惟れば慈証。

疏を宣え罷りて曰く。

上来の文疏、已に具に披宣す。聖眼私無し、諒に照鑑を垂れたまえ。
仰いで尊衆を憑んで念ず。

此の時、大衆合掌す。維那、高声に念じて曰く。

清浄法身毘盧舎那仏
円満報身盧遮那仏
千百億化身釈迦牟尼仏
当来下生弥勒尊仏
十方三世一切諸仏
大乗妙法蓮華経
大聖文殊師利菩薩
大乗普賢菩薩

大悲観世音菩薩
諸尊菩薩摩訶薩
摩訶般若波羅蜜

槌を下すこと太だ疾ければ、即ち仏脚を打つ。槌を下すこと太だ慢ければ、即ち仏頂を打著す。
如し尋常の塡設に遇わば、即ち白槌して曰く。

仰惟三宝咸賜印知
〔仰いで三宝を惟れば、咸く印知し賜え〕

更に歎仏せざるなり。

一　もし祝祭や慶弔など特別な昼食（斎）の場合は、昼食を供養する施主が香を焚きながら僧堂内を巡る（行香）。終わって両膝を床について焼香（踞炉）する。施主が堂内を巡る間、修行僧たちは合掌している。決して談笑したりうなずき合ったり、体を揺り動かしたりしてはいけない。静かに坐っていなければならない。
次に維那は、木槌を一回打ち鳴らして次のように唱える。

この世で最も尊い仏さま（薄伽梵）と、
その仏さまが説かれた完全なる教え（円満修多羅）と、
その教えに従って修行を行い、他者を救おうと励む修行者たち（大乗菩薩僧）
に、敬意の念を抱く（稽首）
その功徳は計り知れないほど素晴らしいものである（功徳難思議）

「今朝方、施主の方々が供養して下さった食事に関する声明文（疏）がここにあります。謹んで僧堂内の修行僧に対して、施主に代わって私（維那）がこれを読み上げます。どうか御仏の慈悲によって、施主の供養による功徳をお認め下さりますように」

維那は声明文を唱え終わったら、次のように祈願の言葉を述べる。

「以上、声明文を事細やかにご披露申し上げました。仏さまの眼差しに、私心はありません。どうかその眼差しで私たちを照らし、お護りください。敬意をもって僧堂内の修行僧たちに願い、仏の名をお唱えいたします」

この時、修行僧たちはみな合掌し、維那は声高に次のように唱える。

清らかな真理そのものである毘盧舎那仏（清浄法身毘盧舎那仏）

計り知れないほどの過去から修行を続け、さとりを得た盧遮那仏（円満報身盧遮那仏）

この世の全ての存在をさとらせるため、無数の姿・形に変化して現れた釈迦牟尼仏（千百億化身釈迦牟尼仏）

未来の世に降臨する弥勒仏（当来下生弥勒尊仏）

あらゆる場所と三世（過去・現在・未来）にいます全ての仏たち（十方三世一切諸仏）

あらゆる命あるものをさとりに導く、巧みな教えの『法華経』（大乗妙法蓮華経）

仏の智慧を象徴する文殊菩薩（大聖文殊師利菩薩）

仏の修行実践を象徴する普賢菩薩（大乗普賢菩薩）

慈悲の心をもってあらゆる声に耳を傾け、手を差し伸べる観音菩薩（大悲観世音菩薩）

諸々の尊い菩薩や修行者たち（諸尊菩薩摩訶薩）

あらゆる真実を見通す仏の智慧の完成（摩訶般若波羅蜜）

この時、維那が仏の名を一つ唱えるごとに木槌を打ち鳴らす。もし打つタイミングが早過ぎれば、前の仏名の唱え終わりに重なってしまうので、仏の足を打つようなことになってしまう。逆に、打つタイミングが遅過ぎれば、仏名の唱え始めに重なるため、仏の頭を打つようなことになってしまう。

もし普段の食事（尋常填設）であれば、先ほどのような声明文などは唱えない。すぐに木槌を打ち鳴らして次のように唱える。

どうか、仏と、仏の教えと、その実践者である僧、この三つ（三宝）がことごとくこの食事の功徳をお認めくださいますように（仰惟三宝咸賜印知）

通常は、これに続けて先ほどのような「稽首薄伽梵……」と、仏を褒め称えるお唱え（歎仏）はしない。

ここでは、食事の前の偈文（お唱えごと）がどういったものか、その詳細が示される。禅の修行道場では、基本的に何のお唱えもなしに、ただ食事をいただくということはない。状況によって長さは異なるが、必ず何かしらの偈文を唱和するのが原則である。それは、今この食事に巡り会えていること、すなわち食事という「いのち」をいただくことに対する感謝の表明に他ならない。種々のお唱えごとは、維那という役目の僧が中心になって勤める。

ここでは、特に祝祭や慶弔などを取り上げて、施主の供養に対する儀礼やお唱えを中心に細かな状況が説き示されている。本文を見ると、非常に丁寧に遂行されていることがわかる。具体的には、施主の心に報いるのと同時に、その施しが僧侶の修行を精励していることの功徳を讃えている。だからこそ、施主の供養に対しては、懇ろに香を焚いて堂内を巡り、謝意と讃辞を表するのである。

先にも述べた通り、インドを始め、かつて仏教者（出家修行者）は市井の人々からの施しによって日々の糧を得ていた。世界には今でも当時のように托鉢のみによって修行を続けている仏教集団はいる。しかし、主に東アジア圏に仏教が展開する中、特に中国では、インドとのさまざまな環境の違いによって、托鉢の文化が根付かなかった経緯がある。そのため、インドでは禁じられていた生産活動を仏道修行と規定し、自ら糧を得ることを積極的に推進する必要が生じた。その代表といえるのが、禅宗教団である。禅宗において、作務（労働）も自身の仏道を養う「立派な修行」と認められているのは、こうした歴史的な事情による。

このような経緯を見ると、仏教者における食事の原則は「施しを得ること」、つまり「供養を受けること」といえる。食事を供養してくれる施主は、修行者の仏道を長養する大切な存在であり、かけがえのない恩人である。だからこそ、丁重に感謝の文言を述べるのである。施主は「布施をする人（の主）」のことであり、布施はサンスクリット語で「dāna」、漢訳で「檀那」という。これに基づいて、施主を「檀越」「檀那」といい、家単位であれば「檀家」と呼ぶ。

道元禅師は、寺院の運営を司る役僧の務めや心構えを著した『知事清規』の中で、「檀越施主を恭敬し、檀越施主に慈心するは、すでにこれ如来世尊の教勅なり」と記している。これは、「施主を敬い、慈しみの心を向けるのは、我々が実践するべき釈尊の正しい教えである」ということに他ならない。

また、道元禅師の後、能登に總持寺を開き、曹洞宗が全国に広まる源泉となった瑩山紹瑾禅師（一二六四～一三二五）も、これと同じようなことを説いている。瑩山禅師は、非常に施主を重んじた人であった。特に、著書『洞谷記』の中には、「檀那を敬うこと、仏のごとくすべし」などとある。道元禅師よりも一歩進んで、「釈尊のように檀越を敬いなさい」と教えている。道元禅師の意志は、こうして後代の曹洞宗に受け継がれていった。

さて、施主に対して讃辞を述べる際、まずは偈文によって「稽首薄伽梵……」と、仏・法（教え）・僧（修行者たち）に敬意を表する旨が記されている。いうまでもなく、「仏」は「仏陀（さとった者）」のことで、釈尊を始めとする覚者のことである。「法」は、釈尊（仏）が説いた普遍の真理、「僧」は僧伽（修行者集団）や僧侶を指す。なお、本文では「大乗菩薩僧」となっているが、これは「大乗仏教における仏道修行者は、みな仏道を成就して仏と成るべき存在である」と考えられていることによる。つまり、全ては菩薩（仏になる前の姿で人々を導く存在）として把握されるのである。

このように、「仏」は真理に目覚めた覚者（さとった者）であり、「法」は真理の教えであり、「僧」はその教えを保持して仏教を世に流布した存在である。このうち、どれか一つが欠けても、仏教は今日に到らなかった。このように考えられているため、仏教では仏・法・僧を最も大切な根幹と見て、「三宝」と定めている。

維那によって、三宝に対する宣言が唱えられた後、施主に対する謝意が表明される。これに続いて、諸仏諸菩薩などの名が唱えられる。これを「十仏名」と称する。曹洞宗において食事の時にこうした偈文が唱えられるのは、施主を始め、目の前の食事が自分のもとに届けられるまでに関わった多くの人々に対して、その災禍を除き、よき生活を営んでいただきたいと願うことによる。

なお、本文では十仏名を維那が唱えるものとして記されているが、現在では修行僧等を含め、全員で唱える。また、本書で示される十仏名は、「大乗妙法蓮華経」が加えられており、総じて一一になっている。十仏名には色々なバリエーションがあり、一定ではない。道元禅師の著述に限っても、本書とは異なる「大乗妙法蓮華経」が省かれたものが見受けられる（『正法眼蔵』「安居」巻）。また、瑩山禅師の著述（『瑩山清規』）では、「大乗普賢菩薩」が「大士（だいし）普賢菩薩」や「大行（だいあん）普賢菩薩」になっている場合もある。

一〇、施食のお唱え

十声仏罷りて槌を打つこと一下し、首座、施食す。

粥時に曰く、

粥有十利〔粥に十利有り〕〈十利とは、一には色、二には力、三には寿、四には楽、五には詞清弁、六には宿食を除く、七には風を除く、八には飢を消す、九には渇を消す、十には大小便調適す。僧祇律〉

饒益行人〔行人を饒益し〕

果報無辺〔果報は無辺にして〕

究竟常楽〔究竟 常楽なり〕

斎時に曰く、

三徳六味〔三徳と六味とを〕〈三徳とは、一には軽軟、二には浄潔、三には如法作なり。六味とは、一には苦、二には醋、三には甘、四には辛、五には鹹、六には淡なり。涅槃経に云云〉

施仏及僧〔仏、及び僧〕

法界有情〔法界の有情に施し〕

普同供養〔普く同じく供養す〕

首座、合掌して声を引きて唱う。首座、若し堂に赴かずんば、次の座、之を唱う。

――十種の仏の名を唱え終わった後、木槌を一回打ち鳴らし、首座が施主の供養に感謝を込めて偈をお唱えする。

まず朝食の時には次のように唱える。

朝食でいただくお粥(かゆ)には十の功徳がある（粥有十利）

〈十の功徳とは、以下の通りである。一には血色が良くなる。二には力がみなぎる。三には寿命が延びる。四には食べやすい。五には言葉が明瞭(めいりょう)で弁が立つ。六には消化が促され、胃もたれしない。七には風邪が治る。八には飢えを凌(しの)げる。九には喉(のど)の渇きが癒(い)やされる。十には排泄(はいせつ)が調う。このように『摩訶僧祇律(まかそうぎりつ)』では説かれている〉

お粥は修行者に活力を与え、仏道修行に専念させる（饒益行人）

その功徳は限りないものであり（果報無辺）

常にこの上ない安楽（さとり）に導く（究竟常楽）

また昼食では次の通り唱える。

三つの良き特徴（三徳）と六つの味わい（六味）

〈三徳とは、一には柔らかく軽い。二には清潔。三には仏の教えに則(のっと)ったものである。六味とは、一には苦味、二には酸味、三には甘味、四には辛味、五には塩味、六には淡さ（素材本来の味わい）である。『涅槃(ねはん)経(ぎょう)』にそのように説かれている〉

これらが備わった食事を、仏や修行僧（施仏及僧）

並びにあらゆる世界の生きとし生けるものに施し（法界有情）

平等に供養するのである（普同供養）

首座は以上の文言を合掌して声を長く伸ばしながらお唱えする。もし首座が僧堂に赴かない場合は、代わりに首座の隣にいる者（次座）が唱える。

ここでは、十仏名(じゅうぶつみょう)のお唱えが終わった後、首座が「偈」によって施主への感謝を述べることが示される。

「首座」とは、禅の修行道場における修行僧の筆頭、つまりリーダーのことである。そのため、「第一座」などとも称される。道場内のあらゆることを率先して行える優れた能力と器量をそなえ、時には住職に代わって説法ができるほど仏教の教えに精通しており、修行が円熟した僧侶が任命される役目である。

また「偈」とは、「偈陀(げだ)」とか「伽陀(かだ)」などといい、サンスクリット語の「gāthā」の音写である。端的にいえば詩文のことで、「頌(じゅ)」「偈頌(げじゅ)」とも漢訳される。古くは経典の中で仏の教えを詩句によって述べたもの、または仏や菩薩の徳を詩の形式で讃歎(さんたん)したものを指した。一種の韻文であり、「うた」といってもよい。仏教が中国に到ると、経典を翻訳する過程でこうした偈は形式が整えられながら訳出されるようになった。いわば、音通などを考慮した詩文の形態で漢訳されたのである。

一見してわかるように、ここに示される偈も全体が整っている。形式から、四言詩のような形態と見て差し支えないであろう。最初の偈は、朝の食事でお唱えするもの、次の偈は、昼の食事でお唱えするものである。このように、朝と昼とで別の偈をお唱えするのは、それぞれ食事の内容が異なるためである。

禅の修行道場では、基本的に朝は「お粥」【写真25】、昼は「ご飯」と献立が決まっている。朝がご飯ではなくお粥であるのは、身体への負荷が極めて少なく、利点が多いと考えられていることによる。ここでは、釈尊が亡くなって一〇〇年ほど経った頃

写真25　給仕用の桶に入ったお粥

（約二四〇〇年程前）から重用されてきた四大広律の一つ、『摩訶僧祇律』における一〇種の徳目によって、その効力が説き示されている。ちなみに、四大広律とは、修行生活の規範をまとめた四つの要書で、『十誦律』『四分律』『五分律』『摩訶僧祇律』を指す。我々は、療養中や病み上がりの時などにお粥をいただくことがある。その状況と、ここに記されている一〇の内容を照らし合わせてみると、なるほどと納得できるところもあるのではなかろうか。お粥の効能は、古来伝えられてきた伝統ともいえるのである。

なおここでは、「粥」「飯」ではなく、「お粥」「ご飯」と呼称している。これは道元禅師の説くところである。著書の『永平寺示庫院文』に、「いはゆる粥をば、御粥とまを（申す）すべし、朝粥ともまをすべし、粥とまをすべからず。斎をば、御斎とまをすべし、斎時ともまをすべし、斎とまをすべからず」と記されている。簡潔にいうと、「食事に対して敬意を持ち、粥は必ず御粥といい、斎（昼の食事）は必ず御斎といわなければならない」ということである。道元禅師の意識は、このように食べ物に対する呼び方にも及んでいる。

昼食では、仏教において「よき食事の特性」とされる「三徳六味」、そしてその食事が自分だけのものではなく世の全てに行き渡ることを願う偈文が唱えられる。この「三徳六味」を最初に説いたのが、『大般涅槃経』（『涅槃経』）である。このお経は、釈尊の最期の景色を説き開くものであるとともに、仏教で初めて「生きとし生けるものは全て仏たる性質をそなえている」ということ、すなわち「誰もがさとりの境地に到る（成仏する）ことができる」という、「一切衆生悉有仏性」の教理を説いた経典として、つとに有名である。

「三徳」の中、「仏の教えに則ったもの」というのは、例えば禁忌とされる五辛（主に、韮＝にら、薤＝らっきょう、葱＝ねぎ、蒜＝にんにく、薑＝はじかみ）などに抵触していない食事のことである。また、「六味」の第五の塩味まではイメージしやすいが、第六の「淡」は趣が異なる。これは、素材（各食材）ごとの持つ本来の味わいが引き出されている状態を意味し、場合によっては複数の味わいが引き立ちながらも、それぞれがお互いを邪魔することなく、渾然一体となって融和している味としても理解される。いうならば、丁寧に引き出された、「椎茸と昆布の出汁」のようなイメージであろうか。この「淡」を含め、食事には六味が備わり、整っていなければならないという。

一一、食事の宣言（喝食）

施食訖りて、行者、喝食入る。喝食行者は、先ず前門より入り、聖僧に向かいて問訊し訖りて、住持人を問訊し訖りて、首座の前に到りて問訊し訖りて、住持人の前に向かいて、前門の内の南頬板頭の畔に到りて、面を聖僧に向けて問訊し訖りて、叉手して立ちて喝食す。

喝食は、須く言語分明にして、名目、賺らざるべし。若し差悞有れば、受食の法、成ぜず。須く再び喝せしむべし。

食遍くして、維那、白食槌、一下すれば、首座、揖食観想訖りて、大衆、方めて食す。

首座が偈を唱え終わったら、行者は食事の宣言（喝食）をするために僧堂に入る。この喝食行者は、まず僧堂の正面の入口から入り、聖僧に向かって一礼する。

次に住職の前に移動して、住職に向かって一礼する。次に首座の前に移動して一礼する。次に正面入口の内側、向かって左側の柱近くの席に設けられている衝立のそば（板頭の畔）に移動する。そして、聖僧に向かって一礼したら手を叉手にして、立ったまま喝食の宣言を行う。

喝食の際は聞き取りやすいように唱えなければならず、またその文言（名目）を間違ってはいけない。もし間違いがあれば全体の流れが乱れるため、給仕を受ける作法が成立しない。その際は喝食行者に再度宣言させなければならない。

食事が全員に行き渡ったら、維那が木槌を一回打ち鳴らして合図する。首座は目の前の食事に対して叉手して一礼（揖食）する。そして食事の功徳に想いを巡らせる（観想）。そこで初めて修行僧たちは食事を始める。

ここでは、喝食行者の作法が示される。「喝」とは、よく修行僧を厳しく誡めるために発せられる声（音）と思われているが、ここでは「はっきりと言葉を発すること」「明確に唱えること」というほどの意味である。従って「喝食」とは「浄粥（お粥）」や「香湯（お茶）」のように食事の名称をはっきりと宣言することを意味する。修行道

場では、食事の時にお粥などを給仕する「浄人」という係がある。この浄人を統制し、配給のタイミングなどを宣言して全体の流れを取り仕切る役が「喝食行者」である。

現在の永平寺などでは、初心（修行を始めて間もない）の修行僧がこの役を務めることが多い。これには、「なるべく早いうちに日常生活の要である食の作法を身に付ける」という意図もあるだろうが、それだけではないだろう。諸説あるが、かつて禅宗の寺院では、鐘の音だけでなく実際に食事の時を触れ回る童行（剃髪・出家得度にまだ早い者）という立場の者がいた。この者を喝食と呼んでいたという。現在にあっても修行の未熟な者が喝食を務めるというのは、こうした習わしが関係していると思われる。

喝食行者は、僧堂の正面入口の中央付近に立ち、修行僧に提供される各料理の名称を唱える。この位置に立つのは、僧堂の全体を見渡して配給係の浄人に指示を出し、給仕などの差配を行うためである。僧堂の食事では、修行僧が自分自身でお粥やご飯をよそうことはない。全員、浄人の給仕を受けるのである。朝の献立は、多くの場合、お粥・香菜（お漬物、現在は梅干しと沢庵）・ごま塩となる【写真26・27】。昼は、ご飯・汁物・香菜が基本であり、これに別菜（別皿の副菜）が一品付くか、付かないか、

写真26　朝食例　お粥・香菜・ごま塩

写真27　香菜（梅干しと沢庵）・ごま塩の給仕桶

といった具合である。

朝も昼も、それぞれの料理ごとに専属の浄人がおり、僧堂内の全員に配られる。実際の状況を簡単に記すと、事前に外堂で浄人が配給する料理などを準備する。僧堂内では鳴らし物が鳴ったり、偈文が唱えられたりする。その後、全員が応量器を準備し、展鉢が始まる。喝食行者は、頃合いを見計らい、高声に「浄粥」などと給仕される料理を全体に告げる。すると、お粥を配給する浄人（およそ二〜三組。かつては粥桶を持つ人と柄杓で給仕する人に分かれていたとされるが、現在は一人で二役を行う）が僧堂の中に入り、所定の位置から給仕を行う。続いて、香菜が同じように配られる。僧堂の食事は、始めから終わりまで、この進め方で行われる。

各料理が僧堂全体にバランス良く、テンポ良く、配給漏れなどの不備がないよう、喝食行者は浄人が入る順番やタイミングを適切に調整する。喝食行者の指示が不適切であれば、僧堂内での給仕に混乱が生じる。こうなると、最初に料理が届くべき首座（修行僧の筆頭）などを余計に待たせてしまったり、食事が長引いたりして時間を浪費してしまうことになる。そのため、喝食行者は正確にはっきりと、配給する料理の名称などを唱えなければならないのである。

一二、布施に対するお唱え

維那、聖僧の帳の後において身を転じ、首座に問訊す。乃ち首座に施財を請するなり。却りて槌の本位に帰し、槌を打つこと一下すれば、首座、施財して曰く。

財法二施　功徳無量　檀波羅蜜　具足円満
〔財と法との二つの施の　功徳は無量なり　檀波羅蜜　具足円満す〕

もし施主による布施があった場合は、木槌を打つ前に、維那は聖僧の後ろから首座の前に移動して一礼する。それは首座に「施財の偈」を求めるためである。そして維那は再び槌砧の場所に戻り、一回打ち鳴らせば、首座は「施財の偈」を次の通り唱える。

金銭や物品による「物の布施」、そして仏法による「教えの布施」（財法二施）
これら二つの布施の功徳は計り知れないほど大きなものだ（功徳無量）
完全なる布施の行いが（檀波羅蜜）
今ここに充分に成就している（具足円満）

この段落は、食事の全体、あるいは食事の一部（別菜一品など）が施主の布施であった時の作法である。この場合、首座が感謝の意を表して偈を唱える。それが「施財の偈」である。

古来、布施には二種があるといわれる。ここに記される、財施と法施がそれに当たる。財施は、仏教に心を寄せる在俗の信者が、仏・法・僧の三宝に対して自らの所有物を供養（差し出して養うこと）すること。法施は、僧侶が仏法を説きめぐらすこと、あるいは、お経を読誦すること自体（この場合は在家・出家にかかわらないともされる）ともいわれる。つまり、仏法を説くこと全般を指す。

偈文では、「財施と法施の功徳は計り知れない、それが完全に完成された布施として今ここに円満に現れている」と説かれる。ここで「檀波羅蜜」と記されているように、布施は「波羅蜜」の一つでもある。波羅蜜には、到彼岸（彼岸に渡る＝完成した）・絶対・完全・さとりなどさまざまな意味がある。また、「菩薩の実践行」としても理解される。これは、よく六波羅蜜として、次のように示される。

①布施波羅蜜＝財施と法施による布施行の完成

②持戒波羅蜜＝戒律（仏道者の遵守事項）の実践による持戒（戒を持つこと）の完成

③忍辱波羅蜜＝困難に耐え忍ぶことによる忍辱行の完成

④精進波羅蜜＝身と心を励まし、他の五つの波羅蜜を実践することによる精進行の完成

⑤禅定波羅蜜＝心を整えて安定させ、決して揺るがない盤石な精神を養う禅定行の完成

⑥智慧波羅蜜＝迷いを離れてさとりの境地を実現する智慧行の完成

六波羅蜜で「布施波羅蜜」が筆頭に据えられているのは、菩薩が「施しの存在」として、他者に色々なものを惜しみなく与え、彼岸に渡らせることを使命としていることも関係しているのであろう。なお、最後の智慧波羅蜜に関連付けて次の四つを立て、全体を十波羅蜜とする教えもある。

(1)方便波羅蜜＝人々の智慧を涵養する、巧みな手段の完成
(2)願波羅蜜＝自らが智慧を得るとともに、人々に智慧を得させようとする誓願の完成
(3)力波羅蜜＝善き行いを実践する力と、真偽や善悪を判断する智慧の力の完成
(4)智波羅蜜＝あらゆるものごとの真実を、ありのままに見通す智慧の完成

ちなみに、仏教では「知恵」ではなく「智慧」と書く。これは、「知恵」が知性や賢さ、頭脳の明晰さといった知的な方面に比重が置かれるのに対し、「智慧」はものごとの真実や世の真理を見抜くといった、さとりの境地を実現することに力点が据えられることによる。

一三、給仕の仕方（行食）

【給仕の速度・順番】

行食の法は、行食太だ速やかなれば、受者倉卒なり。行食太だ遅ければ、坐、久しくして労す。

行食は、須く、浄人、手づから行ずべし。僧家、自手ら食を取ることを得ざれ。

浄人の行益は、首座より始め、次第して行じて、住持人に帰りて行益す。

【給仕の動き】

浄人の礼は、合に低細にすべし。

羹粥の類、僧手及び鉢盂の縁を汚すことを得ざれ。杓を点ずること三両下し、良久して之を行ず。曲身して手を斂めて、胸に当てて行ず。粥飯の多少は各僧の意に随う。

【その他、注意事項】

手を垂れて塩醋桶子を提ぐることを得ざれ。

行益の処、如し嚔噴咳嗽するには、当に須く背身すべし。舁桶の人の法は、須く如法なるべし。

給仕の速度・順番

給仕の仕方について。給仕のペースが速過ぎれば、それを受ける側が慌ただしくなってしまう。逆にペースが遅過ぎれば、坐る時間が長くなって疲れてしまう。給仕は、食事を配る担当の人（浄人）が行わなければならない。給仕を受ける修行僧が自分勝手に食事をよそってはいけない。

浄人の給仕（行益）は首座から順番に行い、最後は住職の元に戻って給仕を行う。

給仕の動き

浄人の作法は丁寧（低細）でなければならない。

汁物・煮物（羹）や粥のような水気の多い食べ物を給仕する際は、修行僧の手や食器の縁などを汚さないように注意しなければならない。その際には、おたま（杓子）を二〜三回上下させ、しばらく待って余計な汁が落ちないようにしてから給仕を行う。また身をかがめて、杓子を持っていない手は衣の袖の内側に収め、胸に当てながら給仕を行う。粥や飯の量は、給仕を受ける僧侶の希望に任せる。

その他、注意事項

浄人は、手を下げた状態で塩や酢などが入った調味料の桶を持ってはならない。

もし給仕の際にくしゃみ（嚔噴）や咳払い（咳嗽）をするようなことがあれば、必ず後ろを向かなければならない。桶を持ち上げる（舁桶）人たちの作法は、必ずこれらの給仕の作法に則っていなければならない。

ここでは、浄人の作法や動作に関する注意事項が示される。前段までは、主に食事を受ける側の心得や作法が述べられていたが、ここでは給仕係である浄人に光が当てられている。

浄人という名称は、インドの時代から見られる。もとは、叢林（修行者が集う修行の拠点）に寄せられた多様な食材や食事に手を加え、僧侶が食べられる状態（さまざまな規律に触れない状態）にする人を指す言葉であった。例えば、市井の人から取れたての果実などが施された時には、一度浄人に預けられて、少し傷などが付けられ、僧侶における殺生の懸念が払拭されるように取り計らわれたともいわれている。そこには、食事を「浄（清らかな営み）」と捉える仏教の意識が多分に影響していると考えられる（解題参照）。

ところで、道元禅師は食事の一つ一つについて、よく「香」や「浄」を用いた表現をする。例えば、香飯（通常に炊き上げたご飯類）・香湯（お茶）・香菜（お漬物）、浄粥（お粥）・浄水（食後に器を洗うお湯）・浄縁（床縁のこと）といった具合である。文字から想像されるように、「香」はどちらかといえば香り高いイメージ、「浄」はさっぱりとするような感じや、無色・白・清らかさといった印象を受ける。この「浄」がもつ「清らかさ」という概念は、インドの当時から僧侶の食を整えてきた浄人の「浄」にも通じる。曹洞宗において、僧侶にさまざまな食事を給仕する係を浄人と呼ぶのは、インド以来の伝統と清らかな印象の両方の意味が込められているともいえよう。

浄人の作法は、非常に細かい。これは僧堂の中を歩き回って給仕を行う際に、住職を始めとする全ての僧侶に対して、ほんのわずかな粗相もなく、嫌悪感を抱かせないように配慮してのことである。例えば、水気の多い食事を給仕する時には【写真28】、柄杓（ひしゃく）（現在ではおたま）を二〜三回上下させて水滴を切る旨が具体的に記されている。こうした細かな作法は、今でも修行道場の多くで実際に行われている。

写真28　浄人によるお粥の給仕

丁寧な給仕を実践することは、相手の心を乱さないことにもつながる。柄杓の扱いや、給仕を行う時の手の位置や仕草一つをとっても、浄人はあれこれと思案しながら、常に給仕する相手に心を向け、細心の注意を払うのである。

一四、給仕の受け方（受食）

受食の法は、恭敬して受く。

仏の言く、「恭敬して食を受けよ。応当に学ぶべし」と。

若し食、未だ至らざるに、予め其の鉢を申べて乞い索むること莫かれ。

両手に鉢を捧げ、手を低げて鉢を捧げ、鉢単を離れて手の鉢盂を平正にして受く。量に応じて受く。余り有らしむること勿れ。或いは多、或いは少、手を以て之を遮る。

凡そ受くる所の食は、匙筯を浄人の手中に把りて、自ら抄撥して取ることを得ざれ。匙筯を過して浄人に与えて、僧の食器中に食を取らしむることを得ざれ。

古人の云く、「意を正して食を受け、鉢を平かにして羹飯を受く。羹飯、倶に食し、当に次を以て食すべし」と。

手を以て膝を拄えて食を受くることを得ざれ。若し浄人倉卒にして餅屑及び菜汁等を椀器中より迸り落とさば、必ず須く更に受くべし。

給仕の受け方について。まず施主や食事を調理してくれた人、給仕をしてくれる浄人などに敬意を払っていただきなさい。

『根本説一切有部毘奈耶』にもお釈迦様の言葉として、「敬意を払って食事をいただきなさい。よくよく心得ておかなければならない」と説かれている。

もし食事が手元に来ていない場合でも、事前に食器を差し出して給仕の人を探し求めるようなことがあってはならない。

給仕を受ける時は両手で器を持ち、手を低くして前へ差し出す。鉢単から持ち上げて、器が傾かないようにして給仕を受けなさい。自分の必要な量だけを給仕してもらい、残すようなことがあってはならない。多くいただく場合でも、少なくいただく場合でも、適切な量がよそわれたタイミングで手で合図し、浄人の給仕を遮りなさい。

給仕を受ける場合は、浄人が持つ桶の中（手中）に匙や箸を入れ、自らすくい分けて（抄撥）取ってはいけない。あるいは匙や箸を浄人に渡して、代わりに器に食事をよそわせてはいけない。

昔の人の言葉として、「正しい心がけでもって食事を給仕してもらい、手の上で器を傾けることなく持って汁物やご飯をいただきなさい。給仕された食事は均等にいただきなさい。それらを順序よく両方いただきなさい」などと示されている。

また手で膝を抱えて給仕を受けてはいけない。

もし浄人が慌てていて、よそわれた食事（餅屑及菜汁等）が器からこぼれてしまったら、必ずもう一度給仕を受け直さなければならない。

前の段落が食事を給仕する「浄人」の作法であったのに対し、ここからは給仕を受ける側、すなわち食事をいただく者の作法や心構えが事細かに示される。なお、この段階では、目の前に空の応量器があるだけで、食事はまだ何も給仕されていない。僧

堂の食事では、食事の合図で全員が席に着き、まず聖僧（しょうそう）（僧堂の本尊）にお膳（ぜん）が供養され、施主に謝意を表する。こうして修行僧たちは、仏飯（ぶっぱん）（仏にお供えされる食事・仏法の功徳による食事）によって仏道修行に精進させてもらっている自覚を高め、食事をいただくのである。この時、最も大切なのは「貪（むさぼ）らない心」であり、ここではこの心構えを伝えようとしている。

最初に、「恭敬（くぎょう）（丁重に敬う心）」の大切さが語られ、その根拠として仏の言葉が示されている。本文で「仏の言（のたまわ）く……」とある箇所は、『根本説一切有部毘奈耶（こんぽんせついっさいうぶびなや）』という典籍の一文に基づく。この書は、仏教がインドで発展していた当時、さまざまな修行生活の規範などをまとめた多くの書物が存在する中で、特に大きな影響力のあった典籍の一つである。この文により、食事をいただく者にとって「恭敬の心を持つこと」がいかに大切か、その深い歴史がしっかりと表される。

恭敬の心とは、貪らない心にも通じる。本文では、施主や浄人を敬う旨が示されているが、これは「自らの行いには、その時の自らの心が現れる」ということによる。つまり、施主・浄人に対する敬意がなければ、自らの行いも不敬で雑なものになるということである。給仕を受ける時には両手で器を持つ、浄人がよそいやすいように器の位置を低くして前に差し出す。このような動作は、施主や浄人に心が向いていて、初めて自然とできることである。こうしたところがまた、本文では「古人の云く……」と記されている部分、すなわち、「礼節をもって給仕を受け、丁寧にいただく」という内容につながるのである。なお、この箇所は、僧侶の規範を示した『四分僧戒本』という典籍に由来する。

　このように、ここでは施主や浄人に対する敬意が作法として明文化されているといってもよいであろう。言葉の上で「作法」というと、何となく「厳格な規則」といった堅苦しい決まりのように受け取られることも多い。しかし、「相手に対する礼節の心持ち」と考えれば、その印象は少し和らぐのではないか。食事を受け、いただく時の作法というのは、自分以外に対する感謝の表れと考えることもできる。その想いは、最終的に人に対してだけではなく、給仕される食べ物自体にも及ぶであろう。こうしたところが、「貪らない心」として表れてくる。

　仏教には「三毒」という要語がある。これは、人間の奥底に潜み、気をつけてしっかりと制さなければ簡単にむき出しになって害悪（苦）をもたらす、「貪・瞋・癡（痴）」という三つの深重な欲望のことである。

「貪」とは「貪欲（とんよく）」のことで、「貪り」の意味。自分のことしか考えられず、欲望に任せて何でも見境なく欲することである。

「瞋」とは「瞋恚（しんに）」のことで、「いかり」の意味。他者に対する憎悪や嫌悪の念を大きくし、感情に任せて激高したり攻撃したりするようなことである。

「癡」とは「愚癡（ぐち）」のことで、「愚かさ」の意味。理性を失い、世のあらゆることに昏迷（こんめい）し、惑うことである。

　これらはいずれも、何かにつけて「私が!!」と思う人間の「我」によって現れる。そして、その思いの強さに比例して増大する。欲深きは「貪り」、思うようにならなければ「いかり」、願いが叶（かな）わなければ他者のせいにして「愚癡」る。こうしたことは全て、「私」という自我が先に立つことによる。そして、自分を取り巻く色々な物事に対する執着（こだわり）の強さによって、心の迷妄の深さも変わってくる。このように、仏教は教えるのである。

「貪り」は、この三毒に組み入れられているように、仏教の中で特に重篤な心の害とされる。簡単にいうと「何でも欲する欲深さ」ということになるが、漢字をよく見るとより理解が深まるであろう。

「貪」の字は、「今」と「貝」からできている。「今」は、もちろん「いま」のことである。「貝」は、「価値あるもの」「資産」などを意味し、特に「金銭」を表す。これは、「財」「買」「売（旧字は賣）」「貨」「費」など、「貝」が含まれる漢字を見るとよくわかる。つまり、「貪る」とは、「いま、私の手に、あらゆるもの（金品）を収める」というような、極めて強欲で節度がないさまをいう。

この対極にあるのが「貧」である。「貧」の字は「分」と「貝」からできている。「金銭」を「分ける」ことから、「自分の財産が分散して乏しくなること」をいう。損失を被（こうむ）ったり、困窮したりするようなイメージで、あまり好ましくない印象があろう。「貧すれば鈍する」という諺（ことわざ）もあるように、生活苦や人生苦の根源のようにも見なされる。

けれども、他者の救済を基本的な願いとする大乗仏教の立場や禅の志向からすると、「貧」は決して厭（いと）われることではない。「清貧」などの言葉があるように、むしろ積極的に評される。困窮している他者のために、自分の持っているもの（財産や能力など）や、得ることができたはずのものを、惜しみなく分け与えてしまうために、自らは富むことがない。仏道における「貧」とは、こうしたあり方のことであり、仏教的な生き方といっても過言ではないのである。

「貪」と「貧」は、文字としてはわずかな違いしかない。しかし、その意味内容には天と地ほどの開きがあるといってよい。道元禅師は、いかなる時も「貪」の食事にならぬよう、常に敬意をもって食事に臨むことを教える。これが、食事を受ける際の最たる基本であり、真髄であることを顕示する。修行僧の食事は、ここに始まり、ここに帰結するのである。

一五、五つの想い（五観の偈）

維那未だ遍槌を白せずんば、鉢を擎げて供養を作すことを得ざれ。遍槌を聞くを候ちて、合掌し揖食して、次に五観を作す。

一には功の多少を計り彼の来処を量る
二には己が徳行の全欠を忖って供に応ず
三には心を防ぎ過を離るることは貪等を宗とす
四には正に良薬を事とするは形枯を療ぜんが為なり
五には成道の為の故に今此の食を受く

然る後に出観す。未だ作観を出ざるに、出生することを得ざれ。

維那が全員の給仕が終わった合図（遍槌）を打つまで、修行僧たちは器を持ち上げて食べ始めてはいけない。維那によって遍槌が打ち鳴らされた後にみな合掌する。その後、叉手をして食事に向かって頭を下げ、次の五つの事柄について想いを馳せる。

一つには、目の前の食事が出来上がるまでの様々な関わりを考え、その経緯（彼の来処）に想いを巡らす

二つには、私自身の日頃の行い（徳行）を省みて、この食事をいただくに値する営みを為しているかどうか（全欠を付って）、よくよく考えて頂戴する

三つには、散乱する自らの心に注意を払い、過ちを犯さないようにするには、三毒の克服を根本とする

四つには、この食事をいただくことは、良き薬を服するようなものであり、この身を健全に保つ（形枯を療ぜん）ためであると心得る

五つには、仏の道を成就するために、今この食事をいただく

このように心の中で念じた後は、ひとまずその想いから離れる（出観）。想いにとらわれたまま、他のものへ供養（出生）してはいけない。

ここでは、食事が給仕され終わった後に念じる偈文が示される。通例、この偈を「五観の偈」という。曹洞宗だけでなく臨済宗や黄檗宗でも唱えられるが、第三句目の読み方が異なる。曹洞宗では「三には心を防ぎ過を離るることは貪等を宗とす」と読むところを、「三には心を防ぎ過貪等を離るるを宗とす」と読むのである。そのため、曹洞宗とは若干意味が異なる。

さて、ここで各句の詳細を見てみる。まず第一句である。ここでは、目の前の食事が自分のもとに届くまでに関わった、全てのものごとに想いを巡らすことが示される。「食事が届くまで」というと、料理の作り手や運んでくれた人（ここでは浄人）などが思い浮かべられる。しかし、ここで想定されている対象はそればかりではない。当時の状況を想像して、お粥が目の前に届けられるまでのことを考えてみる。まず、お粥を炊いてくれた人、手元に運び、給仕してくれた人がいる。その前に、水を汲んで台所に運んでくれた人、竈の火を起こしてくれた人がいる。お米を運搬し、寺院まで届けてくれた人もいる。さらにその前には、田んぼを造り、苗を植え、稲を収穫し、脱穀してくれた、人や牛馬などがいる。もっと多くの存在が関わっているであろうが、ざっと思いつくだけでも、これだけの関係が見えてくる。このように考えると、一椀のお粥を手にするまでには、実に多くのつながりがあることがわかる。こうした全ての存在に思いを馳せ、感謝の念を及ぼすことを教えているのである。

第二句では、自身の回顧が示される。つまり、今の自分が第一句で示されたような、多くの労苦をいただくに相応しい行いをなしているかどうか、食事を前にしてしっかり考えよというのである。この時、「行い」というのは、身体的な行為のみをいうのではない。仏教では、伝統的に「行い」を「身・口・意」の営みとする。「身」は、身振り手振りなどの動作のこと。「口」は、話すことや、話した言葉。「意」は、端的にいえば、あれこれと湧き出てくる心のはたらきのこと。この三つを総称して「三業」（業＝行為）といい、よく「身口意の三業」などという。ここでは、自分の行いがしっかり整っているか、すなわち目の前の食事をいただくに値するような身・口・意の営みをなしているか、深く考えよと教えている。

第三句では、食事の根本は心を安定させることであると示される。三毒とは、「貪・瞋・癡」のことである。「貪」とは貪り、「瞋」とはいかり、「癡」とは愚かさのことで、前段の解説の通りである。この三毒を克服すること、すなわち我執や煩悩に惑わされることがないよう自分の心を安定させることが教えられる。

第四句では、食事を薬としていただくことが示される。世間一般において、食事は一日の、あるいは人生の「楽しみ」「至福の時」と認識されることもあろう。だからこそ、美味・不味に一喜一憂し、あれが食べたい、これはいらないなどといった、選り好みが語られることも多い。しかし、本書で説き示されているような禅の食事はそうではない。仏道を歩むこの身を養うためのもの、いわば修行を続けるために必要な営みとして受け取られる。本文にある「形枯」とは「病にかかる」ことである。食事をいただくことによって病気になることがなく、もしどこかに変調を来しても、病の身が癒やされて仏道修行を続けられるようになる。食事とはそういうものであり、自分の欲求を満足させる享楽・悦楽の類いではないとする。だからこそ、「良薬」と表現されるのである。

第五句では、修行者における食事の根本的な意義が示される。それは、仏道を成就して、さとりの境地に到ること、すなわち「成道（じょうどう）」である。食事は、成道を達成する仏道修行である。道元禅師は、「法にかなった食事を行えば、自らも仏法を実践する仏である。成道は修行の果てではなく、仏道を修行している今ここにある」と説く。つまり、禅僧にとっての食事は、楽しいことでも、心躍るようなことでもない。ただ、仏道に生きるこの身と心を健（すこ）やかに育（はぐく）み、成仏道を実現する「ありがたい」ものなのである。そのため、道元禅師は食事をもって紛（まご）う方（かた）なき修行の一つと教えるのである。

五観の偈によって、しっかり自身を内省した後のことについては、次の第一六段で詳説することにしよう。

一六、他のものたちへの供養（出生）

次に出生す。右手の大指と頭指とを以て飯七粒を取り、鉢刷柄の上に安く。或いは鉢単の縁に安く。凡そ生飯を出すこと、七粒に過ぎざれ。餅麺等の類は、半銭の大きさの如くなるに過ぎざれ。古時は之を用う。匙筯を以て出生することを得ざれ。而今の粥時は出生せず。出生し訖りて合掌黙然す。

次に、他のものへ供養する。まず、右手の親指と人差し指で米を七粒取り、それを鉢刷の柄の上、あるいは鉢単の端に置く。ご飯を供養する時は常に七粒を超えてはならない。餅や麺などの場合は小銭（現在で言えば十円玉ほど）の半分より大きくならないようにする。

今では、朝食の時は粥を供養しない。しかし、かつては行っていた。また供養

──する場合は箸や匙は使わず、必ず指で取って行わなければいけない。他のものへの供養が終わったら、合掌したまま黙っている。

ここでは、給仕された食事の一部を、他のものたちに施す作法が示される。他に食を施すことを「施食」という。中でも、特にここで示される作法を「出生」といい【写真29】、施される食を「生飯」という【写真30】。「他のものたち」とは、飢えや渇きに苛まれる自分以外の存在のことであり、生きとし生ける全てのものを対象とする。禅宗寺院の規則・規範である「清規」などを見ると、餓鬼のように、別の世界の存在に施すことが基本となる。なお、ここでは生飯の分量が米七粒以下と厳格に定められている。これは本書独自の規定ではなく、中国禅宗の清規以来の伝統である。

仏教では迷いの世界として、地獄（ひどい苦しみを絶え間なく受ける世界）・餓鬼（決して満たされることのない飢餓の世界）・畜生（動物的な本能の欲望に満ちた世界）・修羅（憎しみや怒りが盛んで争諍の絶えない世界）・人間（人の世）・天上（天人が住まう世界）の六つの世界を説く。これを「六道」という。

餓鬼は、餓鬼界の存在である。この世界のものたちは、自分の好きなように食事を

写真29　鉢刷先に飯粒を載せて供養する出生

することができない。思い違いをされることも多いが、餓鬼（界）とは「食べ物がない」というわけではなく、「食べ物はあるが、思うように食べられない」といった方が正しい。そこでは、食べ物を食べようとしても、手に取って口に入れようとした瞬間、燃えて消し炭になってしまう。そして、果てしない飢えと渇きが続く。

　しかし、こうした餓鬼の世界でも食事が可能となる場合がある。それは、我々がいるこの現実世界において、その餓鬼のために食べ物が供えられ、香が焚かれ、僧侶によって供養の法要が営まれた時である。この時の食事は、仏法の功徳力によって香煙に乗り、餓鬼界に届けられ、そのものを満

写真30　集めた飯粒は僧堂外の生飯台へ
（提供 大本山永平寺）

足させると伝えられる。こうした食事を施す法要を「施食会（施餓鬼会）」といい、日本の寺院ではお盆などの折に見られることが多い。

　また、餓鬼の他には鬼神も施食（生飯）を受ける対象になる。鬼神は、もともと古代インドの神などであったが、後に仏教に取り入れられた。人々を困難から救う存在であった一方、人を食するといった相反する側面もあった。代表的なものとして、もとは大自然の精霊であった夜叉（やしゃ）などがある。それが仏教の歴史的な経過や、その中で創作された多様な説話などによって悪の面が強調され、畏怖（いふ）の対象として認識されるようになったといわれている。

　しかし、人を救う善なる面も備えた鬼神は、仏教では「天」の一種として数えられる。天とは、仏・菩薩・明王・天（天部）といった区分の一つである。仏と菩薩は、人々を始め、全ての命あるものを導く存在である。明王や天は、主に仏・菩薩を守護し、危害を加えようとするものを排する役目を担う。そのため、戦いや争いのイメージがある。憤怒（ふんぬ）の形相をして睨（にら）みをきかせ、宝剣を持って邪鬼を踏みつける不動明王などが分かりやすいだろう。

前の段落では、「五観の偈（げ）」を通して食事に対する自分自身の観察が示されていたが、ここでは自分から他者へと想いを向ける対象が変化する。それは、餓鬼界の存在であっても、鬼神として畏怖される存在であっても、仏教においては同じように供養されるべき対象として全てのものの安寧が願われるのである。

そして、飢餓することがないようにという願いのもと、わずかながらの食を施すのである。

なお、現在の永平寺などでは、この時に「生飯の偈」（あるいは「出生の偈」）と呼ばれる次の偈文を読誦する。これは、お粥をいただく朝には行われず、主食がご飯である昼に行われる作法である。

汝等鬼神衆　我今施汝供　此食遍十方　一切鬼神共
〔鬼神たちよ　わたしたちは今、わずかながらあなた方に食事を供養します。願わくは、この食があらゆる世界に行き渡り、全ての鬼神たちと共に満たされんことを〕

禅の食事では、いくら自分に割り当てられた食事であっても、「自分だけのもの」という認識を持たない。よく考えてみると、目の前の食事もまた、誰かの供養によるものであることに気が付く。そのため、「五観の偈」のように、食事に向き合う自分自身を深く省みることが求められるのである。こうした心持ちを含めて他のものたちに向けた「出生（供養・施し）」が実践されるのであるが、ここで大切なのが、「五観の想いにとらわれないこと」である。

道元禅師は、「五観」によってしっかりと自身を内省したら、直ちにその想いから離れよと教える。つまり、「五観」の結果がいかなるものであるにせよ、いつまでもその念想にとらわれていてはならない。心に銘じたら、きっぱりと見切りをつけなければならないというのである。仏教全般に通じることではあるが、特に禅では、古来

「こだわり」や「とらわれ」を良きこととはせず、むしろ仏道の妨げになる「執着」と見てきた。善きにつけ悪しきにつけ、ものごとに固執することは、視野を狭め、苦悩や迷妄の原因となり、さとりの障りになる。だからこそ、「こだわり」や「とらわれ」を捨てよと説くのである。

　こうした執着について一例を挙げると、釈尊自らが、教えを誤解した弟子を諭すため、多くの門下に説いたとされる次のような話がある。

　弟子たちよ、道行く旅人がいて、途中で大河に出会ったとしよう。こちらの岸は危険が迫っているが、向こう岸は安全である。ところが、この川には橋も渡し船もない。そこで旅人は、「葦（あし）や木や枝などを集めて筏（いかだ）を作り、手で漕（こ）いで渡ろう」と考え、その通り実行した。そうして無事に向こう岸に渡ることができ、難を逃れたのである。その時、旅人はこう思った。「この筏は大変役に立つ。無事に川を渡れたのはこの筏のおかげだ。このまま置いて行くのはもったいない。担いで行こう」と。さて弟子たちよ、この旅人は正しいか。

　釈尊がこのように聞くと、弟子たちは「それは違う」といい、「川を渡り終えたのであれば、その筏は置いて歩いて行くべきだ」と答えた。これを聞いた釈尊は、弟子たちの見解にうなずき、「無用なこだわりや誤った見方は捨てて、正しく適切な行動を取らなければならない」と説き示した。

これは「筏の譬喩」などといわれ、『中阿含経』という経典に収録されている『阿梨吒経』に出てくる例話である。

また、近代の曹洞宗僧侶である原坦山（一八一九～一八九二）には次のような逸話が残されている。

ある時、禅の修行僧が連れ立って旅をしていた。この二人は、長らく修行を同じくしている親しい間柄であった。道中、両人は橋が架かっていない川に出くわした。とはいえ、川幅は狭く流れも緩やかで浅いため、難なく歩いて渡れそうである。いざ川に入ろうとした時、二人は、川縁に若い娘が一人で立ち尽くしていることに気が付く。片方の僧が娘に、「どうしたのか」と尋ねたところ、娘は「他家に行く用事があるのに、このまま川を渡ってしまっては着物が濡れてしまい、その家に迷惑が掛かるので困っている」という。事情を聞いたその僧は、「それならば」と娘を抱えて川を渡り、対岸で下ろしてやった。「ありがとうございます」と深々と頭を下げてお礼をいう娘に、僧は「何の、困った時はお互い様」と言って何食わぬ顔をして歩き出した。

しばらく歩いた後、このやりとりを見ていたもう一方の僧が、突然「お前は出家して修行の身であろう。それにもかかわらず、いくら困っているとはいえ、女性を抱きかかえるとはどういうことか」と、ぶつぶつ文句をいい出した。このようにいわれた僧は、きょとんとして、「それは、さっきの娘さんのことか？」と聞いた。苦言を呈した僧は「当たり前じゃないか、とぼけるんじゃない」という。すると娘を抱えた僧は、「はっはっは！」と大いに笑い、「わしは川を渡り終えた時に、娘さんをすっかり下ろしたぞ」といった。そして、「わしは下ろしたが、なんだ、お前はまだ娘さんを抱えておったのか！」といい、「そうかそうか」と笑いながらその僧の肩を叩（たた）いたのであった。

この話で、娘を抱えて川を渡った僧と、それを見ていた僧、二人のうちどちらが

「とらわれ」ているか、答えは明快であろう。

「五観」によって、いくら自分の内面や、自分を取り巻く環境を深く観察したとしても、いつまでもその観念を引きずっていては、心は自分に向いたままである。これでは、他のものたちに対してしっかりと心が向かわない。先の例話でいえば、使い終わった筏にいつまでも執着する、娘さんを下ろした後でもなお娘さんにこだわる。こうであってはならない。自分の内面に向かう意識に区切りをつけなければ、仏道にかなった出生（供養・施し）にはならないのである。道元禅師は、こうした専心の供養が何よりも重要であることを説く。

一七、粥（朝食）の食べ方

早晨喫粥の法は、粥を頭鉢に受けて鉢揲の上に安く。時至りて、右手を以て頭鏆を把り、左の掌を平らげて以て之を安く。指頭を少し亀めて鏆を拘らえよ。

次に右の手に匙を把り、頭鉢の粥を頭鏆に舀み受く。此の時、鏆を頭鉢の上肩に近づけて、七・八匙許りを舀み取るに、頭鏆を口に就けて、匙を用いて以て喫粥す。是の如く数番して粥を尽くすを度と為す。

然る後、頭鉢の粥、稍、将に尽きんとする時、頭鏆の粥を鉢単に安きて、次に頭鉢を把りて、其の粥を喫し尽くし訖りて、刷を使い罷りて、頭鉢を鉢揲に安く。

次に頭鏆を把りて其の粥を喫し尽くし訖りて、刷を使いて浄からしめて且く洗鉢水を待つ。

早朝（早晨）の粥の食べ方について。まず粥を頭鉢にもらい受けたら、鉢揲という台皿の上に置く。食事をいただく時は、右手で頭鉢の隣にある頭鐼を取り、左手の掌を平にしてその上に載せる。その時、指先は少し曲げて軽く握るように持ちなさい。

次に右手で匙を取って頭鉢の粥を掬い、左手に持っている頭鐼で受ける。この時、頭鐼は頭鉢の左側（上肩）に近づけて、匙で七〜八杯ほど掬い取る。そして頭鐼を口元につけ、匙を使って粥を食べる。このような作法を数回繰り返し、粥を食べ尽くすようにする。

作法に則って食べ進め、頭鉢に入っていた粥がちょうど無くなりかけた頃、粥の入った頭鐼を鉢単の上に置き、次に頭鉢を取って、残っている粥を食べ切り、無くなったら刷を使って綺麗にし、終わったら頭鉢は鉢揲の上に置く。

次に頭鐼も同様に取って、残った粥を食べ切り、無くなったら刷を使って綺麗にし、器を洗う水（洗鉢水）が来るのをしばらく待つ。

ここでは、お粥の食べ方が示される。禅の修行道場において、お粥は「浄粥」などと呼ばれ、基本的に朝に食すことが定められている。その理由は、すでに第一〇段で示されていた。簡略に振り返ると、例えば『摩訶僧祇律』に記されているように、昔から、①血色が良くなる、②力がみなぎる、③寿命が延びる、④食べやすい、⑤言葉が明瞭で弁が立つ、⑥消化が促され胃もたれしない、⑦風邪が治る、⑧飢えを凌げる、⑨喉の渇きが癒やされる、⑩排泄が調うという、一〇種の功徳が説かれている。これらは恐らく、極めて長い仏教の歴史における、仏道修行者の実体験に基づく効能と思われる。

さて、朝のお粥をいただく時、現在の永平寺などでは、応量器の中で一番大きな器、すなわち「頭鉢」にお粥をもらい受け、別の器に移したりせず、匙を使ってそのままいただく。しかし、ここでは、匙を用いて頭鉢のお粥を頭鐼（頭鉢の次に大きな器）に取り分けていただくよう示されており、当時と現在とでは食べ方に違いがある。

お粥をもらい受ける「頭鉢」は、名称の通り「仏さまの頭」のように最大の敬意をもって扱わなければならない重要な器である。お袈裟と同じく、仏道者のいのちといっても過言ではない。そのため、好き勝手に触れることは許されない。扱う時は、必ず浄指（親指・人差し指・中指の三指）を用いる。頭鉢を横から見て、下半分には触れてもよいが、上半分（特に縁の部分）には指を掛けたり、口をつけたりしてはならないとされる。

ここでは、お粥を頭鉢から頭鑽（頭鉢の次に大きな器）に取り分けた後、頭鑽を口に付けていただく作法が示されている。この理由は定かではないが、一つにはお粥の水分量がとても多く、頭鉢から口に運ぶまでに匙からこぼれてしまうほど水っぽかったからかもしれない。あるいは、頭鉢が現在のものに比べてとても大きく、直接持っていただくには都合が悪かった可能性も考えられる。いずれにせよ、何らかの理由によって器に口を付けて食べなければならなかったため、頭鉢のお粥を頭鑽に取り分けたと見るのが穏当と思われる。

こうして何度かに分けて、匙でお粥をいただいた後、わずかな食べ残しもないように、「刷」【写真31】を使って徹底的に食べ切る。刷とは、長さ二〇センチメートル、幅三センチメートル、厚さ二ミリメートル程度の、笏型の木の板である。当時使用されていた実物の詳細は不明であるが、現行の物は先端に布が付けられており、これでわずかな食べ残しも掬い取る。

写真31　刷を使って食べ切る

本書では、このようにお粥を取り分けていただくよう説示されているが、先に記したように現在の永平寺などでは、頭鉢から直接いただく。この時には、まず頭鉢を両手で捧げ持ち、次の「撃鉢の偈」という偈文を唱えながらその内容を心に念じる。現代的にいえば、これが「いただきます」の挨拶となる。なお、厳密には前半の偈を「供養の偈」、後半の偈を「三口食の偈」などといい、両方を併せて「撃鉢の偈」という。

上分三宝　中分四恩　下及六道　皆同
供養

〔この食を、上には仏・法・僧の三宝

に分け、中には国王・師匠・父母・檀信徒の四恩に分け、下には迷いの世界である六道（地獄界・餓鬼界・畜生界・修羅界・人間界・天上界）のものたちに及ぼし、全てに対して同等に供養する〕

（四恩には、他に「父母・衆生・国王・三宝」「父母・師僧・国王・施主」「恵施・仁愛・利人・等（同）義」など諸説あり）

一口為断一切悪　二口為修一切善　三口為度諸衆生　皆共成仏道

〔この食事の、一口目はあらゆる悪を断滅すること、二口目はあらゆる善行を実修すること、三口目は生きとし生けるものをさとらせること、そして全てのものと共に仏道を成就することができるように願い、いただきます〕

この偈文を唱え終わった後、修行僧は一斉に食事を始める。ただし、好きな物から手をつけることは許されておらず、食べ始めは必ずお粥を三口いただくことに決められている。なぜなら、自ら唱えた「撃鉢の偈」が成就するよう祈念するからである。これは、朝だけでなく、昼の食事でも行われる作法である。

一昔前までは「お米の一粒一粒に仏さま（あるいは神さま）がいらっしゃるのだから、ありがたくいただかなければならない」などと耳にしたものであった。しかし、道元禅師の意識はこの程度では済まない。一粒どころか、半欠片（かけら）、一欠片にまで注意を向け、余すことなくいただくよう教える。このように説くのは、食材の一つ一つに対して、その全てがまぎれもない「いのち」であると肝に銘じていたためであろう。

一八、飯（昼食）の食べ方

【食べる時の態度】

斎時喫食の法は、須く鉢盂を擎げ、口に近づけて食すべし。鉢盂を単上に置いて、口を将って鉢に就けて食することを得ざれ。恭敬して食せよ。若し憍慢の相を現せば、仏言く、「応に憍慢して食すべからず。猶小児及び婬女の如くなるべし」と。

【食器を扱う際の指について】

鉢盂の外辺の半已上を浄と名づけ、半已下を触と名づく。大拇指を以て鉢盂の内に安く。第二・第三指は鉢盂の外に傅く。第四・第五指は用いざれ。手を仰けて鉢盂を把り、手を覆せて鉢盂を把るの時、皆な是の如し。

【手でいただくこと】

遐かに西天竺の仏儀を尋ぬるに、如来及び如来の弟子は、右の手に飯を摶めて食す。未だ匙筯を用いず。仏子、須く知るべし。諸の天子及び転輪聖王、諸の国王等も、亦た手を用いて飯を摶めて食す。当に知るべし、是れ尊貴の法なりと。西天竺には病の比丘のみ匙を用い、其の余は皆な手を用う。

【箸でいただくこと】

筯、未だ名を聞かず、未だ形を見ず。筯は偏に震旦以来、諸国にて用いることを見るのみ。今、之を用いることは土風方俗に順ず。既に仏祖の児孫となりて、応に仏儀に順ずべしと雖も、手を用いて以て飯すること、其の儀、久く廃れて、師の故きを温ぬる無し。所以に暫く匙筯を用い、兼ねて鐼子を用う。

【その他、注意事項】


鉢を把り、鉢を放き、兼ねて匙筯を拈ずるに、声を作さしむること勿れ。

鉢盂の飯の中央を挑けて食することを得ざれ。

病無くして己が為に羹飯を索むることを得ざれ。

飯を以て羹を覆い、更に得んと望むことを得ざれ。

比坐の鉢盂の中を視て、嫌心を起こすことを得ざれ。当に鉢に想を繫ぎて食すべし。

大いに飯を摶めて食することを得ざれ。

飯を摶めて口中に擲つことを得ざれ。

遺落したる飯を取りて食することを得ざれ。

飯を嚼みて声を作すことを得ざれ。

飯を嗡りて食することを得ざれ。

舌もて舐りて食することを得ざれ。仏言く、「舌を舒べて唇口を舐りて食することを得ざれ。応当に学すべし」と。

手を振りて食することを得ざれ。

臂を以て膝を拄えて食することを得ざれ。

手もて飯を爬き散らして食することを得ざれ。仏言く、「手を以て餅飯を爬き散らして食して、猶鶏鳥の如くなることを得ざれ」と。

汚れたる手もて食を捉ることを得ざれ。

大いに攪き、及び飯を歠りて声を作すことを得ざれ。

仏言く、「窣都婆の形に作りて食することを得ざれ」と。

頭鉢を将って湿食を盛ることを得ざれ。

羹汁を将って頭鉢の内に飯を淘ぐことを得ざれ。

菜羹を旋らして頭鉢の内に盛り、飯を和わせて喫することを得ざれ。

大いに飯食を銜み、獼猴の蔵めて嚼むが如くすることを得ざれ。

凡そ、飯食を喫せんに、上下、太だ急、太だ緩ならしむること莫かれ。切に忌む、太だ急に食し訖りて、手を拱いて衆を視ることを。

未だ再請を喝せざるに、鉢盂を刷りて食し、念じて津を呑むことを得ざれ。

輒く剰し、飯羹を索めて食することを得ざれ。頭を抓きて風屑をして鉢盂及び鐼子の中に堕さしむることを得ざれ。

当に手を護りて浄かるべし。

身を揺らし、膝を捉え、踞坐し、欠伸し、及び鼻を摘まみ、声を作すことを得ざれ。

如し嚔噴せんと欲せば、当に鼻を掩うべし。

如し牙を挑らんと欲せば、須く当に口を掩うべし。

菜滓・菓核は、鉢鐼の後の屏処に安き、以て隣位の嫌を避けよ。

如し隣位の鉢中に余食及び菓子有るときは、譲ると雖も受くること莫かれ。

熱の時、堂内に行者をして扇を使わしむること莫かれ。如し隣位に風を怕るるの人有らば、扇を使うことを得ざれ。如し自己の風を怕るれば、維那に白して堂外に在りて食を喫すべし。

或いは所須有らば、黙然として指受すべし。高声に呼びて取ることを得ざれ。

食し訖りて、鉢中に余の物、鉢刷を以て浄めて之を食せよ。

大いに口を張り、匙を満たして食を抄い、鉢中及び匙の上に遺落し、狼藉たらしむることを得ざれ。

仏言く、「応に予め其の口を張りて食を待つべからず」と。

食を含みて言語することを得ざれ。

仏言く、「応に飯を以て菜を覆うべからず。羹菜を将て飯を覆いて、更に多得を望むことを得ざれ。応当に学すべし」と。

仏言く、「食時に舌を弾いて食せざれ。喉を嗕らして食せざれ。気を吹きて食を熱めて食せざれ。気を呵きて食を冷まして食せざれ。応当に学すべし」と。

粥時に粥を喫し訖りて、鉢盂及び鑚子、応に刷を使うべし。

凡そ一口の飯は、須く三抄いにて食すべし。

仏言く、「食時に極小に摶めず、極大に摶めず、円に整えて食せよ」と。

匙頭をして直に口に入れしめ、遺落することを得ざれ。

醤片・飯粒等を浄巾の上に落在とすることを得ざれ。如し、遺落の食有りて、巾上に在らば、当に押し聚めて一処に安き、浄人に付与すべし。

飯中に、如し未だ穀を脱せざる粒有らば、手を以て穀を去きて食せよ。之を棄つること莫かれ。脱せずして喫すること莫かれ。

三千威儀経に曰く、「若し不可意を見ば、応に食すべからず。亦た、左右の人をして知らしむることを得ざれ」と。又、「食中に、上座の前にて唾することを得ざれ」と。

鉢鐼の中に、如し、余残の飯食有るも、畜収することを得ざれ。須く浄人に与うべし。

食し訖りて断心を作せ。津を咽むことを得ざれ。

凡そ食する所有らば、直須く一粒を費やさざるの道理を、法観、応観すべし。廼ち是れ、法等食等の消息なり。

匙筋を用いて鉢盂・鉢鐼を刮いて声を作すことを得ざれ。

鉢光を損すること莫かれ。若し鉢光を損すれば、鉢、垢膩を受く。洗うと雖も洗い難し。

頭鉢に湯水を受けて喫するに、口に湯水を銜みて響を作すことを得ざれ。

水を鉢盂の中、及び余処に吐くことを得ざれ。
浄巾を以て面頭と手とを拭うことを得ざれ。

食べる時の態度

昼食の食べ方について。器は必ず持ち上げて、口に近付けて食べなければならない。器を席の上に置いたまま、犬食いのように身をかがめて口を器に付けて食べてはならない。

『根本説一切有部毘奈耶』では、お釈迦様の言葉として「思い上がった心持ちで（憍慢）食事をしてはいけない。敬意を持っていただきなさい。自分勝手な態度を表すことは、まるで自由奔放に振る舞う子どもや欲望に振り回されてしまう人のようである」と説かれている。

食器を扱う際の指について

食器の外側は、上半分を「浄」と名付けてあまり触れてはならない清らかな部分とみなし、下半分を「触」と名付けて自由に触れられる部分とみなす。

食器を扱う時は、親指を器の手前側に付ける。人差し指と中指を器の外側に沿わせる。薬指と小指は使ってはいけない。手の平を上に向けて食器を取る時も、手の平を下に向けて食器を取る時も、全て同じような指使いをするのである。

手でいただくこと

仏教が始まった遠く西にあるインド（天竺）における仏の作法を調べてみると、如来や如来の弟子達は右手でご飯を丸めて食べており、匙や箸は使わなかった。仏弟子であればこのことをよく心得ておくべきである。天命を受けた諸々の君主（天子）や、世の道理を心得て世界を統治する王（転輪聖王）、また諸々の国王たちもみな手を使ってご飯を丸めて食べたのである。これこそ尊い作法であることを知らなければならない。インドでは病人の僧侶（比丘）のみが匙を使い、その他の者はみな手を使うのである。

箸でいただくこと

箸はインドにおいて聞いたことがなく、その形跡も見当たらない。箸はただ、中国と、中国より東側の諸国にて使われているだけである。現在、箸を食事で使うのは、その国の習慣（土風方俗）に従うためである。既に私たちは仏の教えを受け継ぐ者（児孫）であるから、仏の作法に従わなければならない。しかし、手を使った食事は、これらの国において久しく作法が廃れてしまっており、その師もいない。このような理由で、ひとまずこの国ではインドにはない匙や箸、及び多くの器（鐼子(くんす)）を使うのである。

その他、注意事項

- 器を取ったり置いたりする時、また匙や箸を扱う時は音を立ててはいけない。
- 器に盛られたご飯の真ん中をほじくるように食べてはいけない。
- 病気でもないのに自分だけのためにおかずやご飯を求めてはいけない。
- ご飯でおかずを覆い隠して、更におかずを求めようと望んではいけない。
- 隣の人（比坐(ひざ)）の器の中身を見て、自分の器に盛られた量や内容を不満に思ってはならない。目の前にある食事と真摯(しんし)に向き合い、いただきなさい。

- ●ご飯を大きく丸めて食べてはいけない。
- ●ご飯を丸めて口の中に放り込んで食べてはいけない。
- ●こぼれ落ちたご飯を拾って食べてはいけない。
- ●ご飯を食べる時に音を立ててはいけない。
- ●また、すすって食べてもいけない。
- ●舌舐めずりしながら食べてはいけない。『根本説一切有部毘奈耶』では、お釈迦様の言葉として「舌を伸ばして唇や口周りを舐めて食事をしてはいけない。よくよく心得ておくべきである」と説かれている。
- ●手をだらしなく揺らしながら食事をしてはいけない。
- ●腕で膝を抱えながら食事をしてはいけない。
- ●手でご飯を爬き散らして食事をしてはいけない。『根本説一切有部毘奈耶』では、お釈迦様の言葉として「手で餅やご飯を爬き散らして食事をする姿は、まるで鶏のような行為であるから、このようであってはならない」と説かれている。
- ●汚れた手で食べ物を取ってはいけない。

●激しくご飯をかき混ぜたり、啜《すす》ったりして音を立ててはいけない。『根本説一切有部毘奈耶』では、お釈迦様の言葉として「食べ物を卒塔婆《そとば》のようにうず高く盛り上げて食べてはいけない」と説かれている。

●頭鉢《ずはつ》の中に生っぽい食べ物（湿食《しつじき》）を盛って食べてはいけない。

●汁気の多いおかずを頭鉢の中に入れて、ご飯とかき混ぜてはいけない。

●汁気の少ないおかず（菜羹《さいこう》）であっても頭鉢の中に入れて、ご飯と混ぜて食べてはいけない。

●一度に多くのご飯を口一杯に頬張り、まるで猿（獼猴《みこう》）のように口にため込みながら咀嚼《そしゃく》してはいけない。

●食事をする時はいつでも、上の者も下の者も極端に急ぎ過ぎたり遅過ぎたりしてはいけない。特に良くないことは、急いで食べ終わってしまい、手持ち無沙《ぶさ》汰《た》になって他の人を見回すことである。

●まだおかわり（再請《さいしん》）が宣言されていないのに、食器をこすって物欲しそうに食べたり、おかわりを想像して唾《つば》（津《しん》）を飲み込むようなことがあってはならない。

●いつも残すのに、ご飯やおかずのおかわりを求めてはならない。

●頭をかいて、ふけ（風屑）を頭鉢や取り皿（鐼子）の中に落としてはいけない。

●当然、手は清潔に保っていなくてはいけない。

●体を揺らしたり、膝を抱えたり、膝を立てて坐（すわ）ったり（踞坐（こざ））、欠伸（あくび）をしたり、鼻をかんで音を立てたりしてはいけない。

●もし咳（せき）やくしゃみが出そうな時は、必ず手で鼻を覆わなければならない。

●もし歯（牙（げ））に挟まったものを取ろうとするのであれば、必ず手で口を覆って周囲から見えないようにしなければならない。

●食べかす（菜滓（さいし））や果物の種（菓核）がある場合は、食器（鉢鐼（はっくん））の手前側の他人から見えない所（屏処（びょうしょ））に置いて、隣の修行僧が不快にならないように配慮しなさい。

●もし隣の人の器の中に食べ物や果物が余っていて、それを譲ってくれたとしても、受け取ってはいけない。

●猛暑の時、僧堂内で行者（あんじゃ）に命じて扇（団扇（うちわ））を使わせてはならない。もし隣の僧が風を嫌がるのであれば、個人で扇を使ってはいけない。もし自ら風に当たることが嫌なのであれば、事前に維那（いの）に申して僧堂外の席にて食事をしなさい。

●もし必要な物（所須（しょしゅ））があれば、黙って浄人（じょうにん）に指示をしなさい。大声で浄人を呼ぶようなことがあってはいけない。

●食べ終わった後、器の中に余った物は、鉢刷（はっせつ）で綺麗（きれい）にぬぐって食べなさい。

●口を大きく開けて、匙に目一杯ご飯を掬い、その結果食べこぼして、手に持っている器の中や匙の上を乱してはいけない。『根本説一切有部毘奈耶』では、お釈迦様の言葉として「予（あらかじ）め口を大きく開いて、食事を待ってはいけない」と説かれている。

●食べ物を口に含んだまま話してはいけない。『根本説一切有部毘奈耶』では、お釈迦様の言葉として「ご飯でおかず（菜）を覆い隠したり、汁物やおかずでご飯を覆い隠したりして、貰（もら）っていないように見せかけ、より多くの食べ物を求めてはいけない。よくよく心得ておくべきである」とも説かれている。

●さらに『根本説一切有部毘奈耶』では、お釈迦様の言葉として「食事中に舌打ちをしたり、喉（のど）を鳴らしてはいけない。温かい息を吹きかけて食べ物を温めたり、あるいは冷たい息を吹きかけて食べ物を冷ましたりして食べてはいけない。

よくよく心得ておくべきである」と説かれている。

●朝食の時、お粥(かゆ)を食べ終わったら、刷を使用して使った器（鉢盂(ほう)及鐼子）を綺麗にしなければならない。

●そもそも一口分のご飯であっても、匙で三回掬って食べなければならない。『根本説一切有部毘奈耶』では、お釈迦様の言葉として「食事をする時は食べ物を極端に小さく丸めたり、極端に大きく丸めたりせず、ほどよく丸め、整えて食べなさい」と説かれている。

●匙の先は真っ直ぐ口に入れるようにして、食べ物がこぼれ落ちないようにしなさい。

●味噌(みそ)の欠片(かけら)（醤片(しょうへん)）などの調味料や、米粒などを膝掛け（浄巾）の上にこぼしてはいけない。もしこぼしたものがあって膝掛けの上にあれば、一箇所にまとめて置いて浄人に渡しなさい。

●ご飯の中に脱穀されていない米粒がある場合は、手でもみ穀を取り除いて食べなさい。もみ殻がついた米粒を捨ててはいけない。また脱穀しないまま食べてもいけない。

●『三千威儀経（さんぜんいいぎきょう）』では「もし意図していないもの（不可意）、例えば砂や虫が食事の中に入っているのを見つけたら、食べてはいけない。また左右の人にそのことを周知してもいけない」と。また「食事中に他の修行僧（上座（じょうざ））がいる前で唾を吐いてはいけない」と示されている。

●器の中に余った食べ物が入っていても、それを持ち帰ってはいけない。必ず浄人に渡さなければならない。

●食事が終わったら食事に対してあれこれと想いを巡らしてはいけない。食べ足りないとか、もっと欲しいなどと思って唾を飲み込んだりしてもいけない。

●そもそも食事をする時は、一粒たりとも無駄にしないという道理を、仏の教えに照らし合わせてよく観察し（法観）、またそれを食事という場で実践（応観）しなければならない。これこそが、仏の教えと食事とが等しく、本質的には同一であることのありよう（消息）に他ならない。

●匙や箸で器（鉢盂・鉢鐼）をこすって、音を立ててはいけない。

●器の光沢（鉢光）が損なわれるような扱いをしてはいけない。もし光沢が無くなれば、食器は汚れやすくなり、綺麗に洗い流すことが難しくなる。

- 頭鉢にお湯を受けて飲む時は、口にお湯を含んで音を立ててはいけない。
- 水を器の中や他の場所に吐いてはいけない。
- 膝掛けを使って顔（面頭）や手を拭いてはいけない。

ここでは、主にご飯の食べ方が細かく示される。通常、ご飯はお昼にいただくことが基本であるため、これは昼食の作法と理解してよい。ただし、後半に示されている多くの注意事項は昼食に限られることではない。いつ、いかなる食事においても当てはまるような、普遍的な内容となっている。

全体に通底するのは、どのような心持ちで食事をいただくのかという、「食事に向き合う自らの意識」である。食事は、他のいのちをいただいて、仏道に生きる我が身を養う営みであり、仏様の功徳による「仏飯」である。こういう自覚を深め、真摯に、敬意をもって、大切にいただく。そのため、作法一つ、心持ち一つであっても、決して雑にしたり、疎かにしたりしてはならないことが示される。

食事の作法は国によって異なる。それは最早、各国各地の文化といっても差し支えなかろう。仏教は、インドから中国を経て日本に到る過程で、その土地の文化と融合し、多様な発展を遂げてきた。

例えば、インドにおいて食事は手でいただく。これは仏教に限られたことではなく、当地の慣習といえる。そこには、「食は天（神）の恵みであるから、余計なもの（道具）を使って、けがさないように食べる」という考え方が強く意識されている。食に対して、こうした「清らかさ」が求められるのは、それが自分の体に取り入れるものであり、自分自身の全てを作り上げるものだからとされる。要するに、清らかな食事を取り入れることによって、けがれなき自己の精神と肉体が涵養（かんよう）されるという認識である。そのため、浄・不浄の観念も強く、食事をいただく時などは、もっぱら右手を使うといったことも決められている。

仏教が中国に到ると、こうした食事作法にも変化が生じた。特に、箸（はし）などの道具を用いて食事をいただくようになったことは、大きな転換であったといえる。食事形態に変化が生じると、当然のようにインド由来の手でいただく規律は通用しなくなる。そのため、中国ではその食文化にかなった、新たな規範が作られていった。こうした作法の変化は、日本においても生じたのである。

本文では、食事作法の注意や由来などが示された後、実際に食事をいただく時の心構えとして、五〇数種の用心が詳述されている。そこでは、「食べる時に音を立てない」といった器などの扱い方や、「おかずとご飯を混ぜて食べてはならない」といった食事の作法、さらには「他人の食事を見て、自分より多いとか、よい具材が入っているなどといった邪な思いを起こしてはならない」といった心持ちなどが具体的に説かれている。これらの中には、インドにおける部派仏教の時代（釈尊が亡くなった後、一〇〇～四〇〇年頃の間に、仏教教団の中に二〇ほどのグループができた時期）、特に優勢を誇った説一切有部の『根本説一切有部毘奈耶』や、仏教徒におけるさまざまな決まり事を網羅的に記した中国成立の『三千威儀経』（『大比丘三千威儀』ともいう）という典籍の文が見られ、道元禅師が注視していた伝統的な仏教の規律が読み取れる。

ただし、記されている内容には典拠のない事項も多くある。それらは、道元禅師が実際に見たり聞いたり、あるいは体験したことに基づいていると考えてよい。換言すれば、『赴粥飯法』における各種の規則は、その事項が実際に行われていたことがある（あるいは十分に想定される範囲である）からこそ記されたといえる。例えば、「匙や箸を扱う時は音を立ててはいけない」「膝掛け【写真32】の上に（食べ物を）こぼしてはいけない」というのは、実際に音を立てて食べる者や、こぼす者がいたから規則化

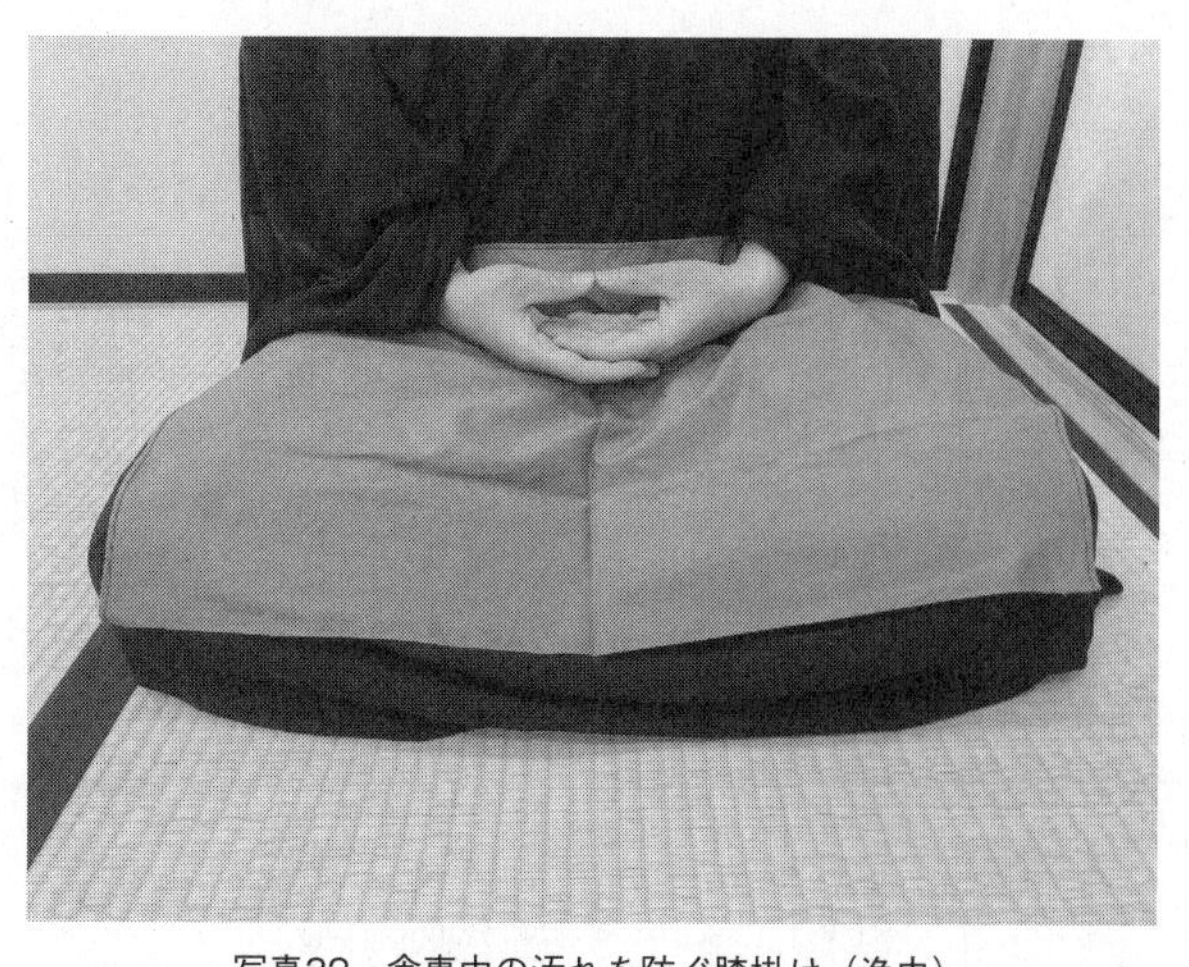

写真32　食事中の汚れを防ぐ膝掛け（浄巾）

されたという具合である。

ここで一貫していることは、食事の時には浄人や一緒に食事をいただく人々に十分配慮し、欲望に振り回されず品位を保つこと、そして、貪らない心（第一四段で詳述）で食事に向き合うことである。このことをしっかりと心に留め、常に自分の行いと心持ちに注意を向けることが肝要なのである。

一九、食器の洗い方（洗鉢）

洗鉢の法は、先ず衣袖を収め、鉢盂に触れること莫かれ。

頭鉢に水を受く。今は熱湯を用う。鉢刷を用いて、誠心に右に頭鉢を転じて、洗いて垢膩を除かしめて浄からしめ、水を頭鏆に移して、左手に鉢を旋らして、右手に刷を用い、鉢盂の外、兼ねて鉢盂の内を洗う。

如法に洗い訖りて、左手に鉢を托し、右手に鉢拭を取り、鉢拭を展べしめて、鉢を蓋いて両手に鉢を把りて、順に輪転し、拭きて乾かしめよ。然して後、鉢拭を且く鉢盂の内に安きて、外に出さしむること勿れ。

鉢盂を鉢揲の上に安き、次に匙筯を頭鏆に洗い、洗い訖りて鉢拭に拭う。此の間、鉢拭をして全く鉢盂の外に出さしむること莫かれ。匙筯を拭いて、以て匙筯袋に盛りて、横に、頭鏆の後に安く。

次に頭鏆を第二鏆に洗う時、左手を以て頭鏆と鉢刷とを把り合わせて略提し、右手を以て第二鐼を把りて、頭鐼の位に安く。然して後、水を渡して頭鐼を洗う。第二、第三鐼を洗うこと、之に準ずべし。鐼子・匙筯を、頭鉢の内に洗うことを得ざれ。

先ず頭鉢を洗い、次に匙筯を洗い、次に頭鐼を洗い、次に第二鐼を洗い、次に第三鐼を洗い、拭いて極乾して、本の如く頭鉢の内に収め、次に鉢刷を拭いて袋に盛る。

食器の洗い方について。まず衣の袖をまとめて、袖が器に触れないようにする。次に頭鉢に水を受けるが、今は熱湯を使う。鉢刷を使って、丁寧（誠心）に頭鉢を右に回しながらこすり洗い、頭鉢の中の残りかすを取り除いて綺麗にする。頭鉢を洗った水は頭鐼に移して、頭鐼の上に頭鉢を縦向きに置いたら左手で頭鉢を回し、右手で刷を使って頭鉢の外側と内側を綺麗にする。

作法通りに頭鉢を洗い終わったら、左手に頭鉢を載せ、右手で鉢拭を取り広げて頭鉢を覆う。鉢拭で覆った状態のまま両手で頭鉢を持ち直し、頭鉢を右に回しながら鉢拭で拭いて乾かす。その後、鉢拭はひとまず頭鉢の中に入れておいて、外にはみ出さないようにする。

頭鉢を鉢揲の上に置いたら、次に匙と箸を頭鐼の中で洗う。洗い終わったら頭鉢の中に入っている鉢拭で拭く。拭いている間は、鉢拭を完全に頭鉢の外へ出してはいけない。匙と箸を拭いたら箸袋にしまい、箸袋ごと横向きにして頭鐼の手前側に置く。

次に頭鐼を第二鐼の上で洗う時、左手で頭鐼と鉢刷をまとめ持って少しだけ持ち上げ（略提）、右手で第二鐼を持って、先ほどまで頭鐼が置いてあった場所に第二鐼を置く。その後頭鐼に入った水を第二鐼に移し、第二鐼の上で頭鐼を洗う。第二鐼や第三鐼も同様に、次に洗う食器の上に移動させてから洗う。鐼子や匙・箸を頭鉢の中で洗ってはいけない。

以上、器の洗い方を再度確認すると、まず頭鉢を洗い、次に匙や箸を洗い、次に頭鐼を洗い、次に第二鐼を洗い、次に第三鐼を洗う。いずれも拭いてしっかり乾かし、食器は全て元の通り頭鉢の中に収め、最後に鉢刷を拭いて箸袋に入れる。

ここでは、お粥やご飯をいただいた後の作法として、使用した器などの洗い方が示される。曹洞宗の食事は、食べ物をいただくことだけが食事ではない。後片付けまでを含めて、食事なのである。そのため、食器の洗い方にも厳格な作法がある。これを、「洗鉢法」という。具体的な手順は本文の通りであるが、ここでは写真によって詳細を見てみる【写真33】。

写真のように、洗鉢の作法では、頭鉢一杯分のお湯で全ての器、及び箸や匙までしっかりと洗い尽くす。そして、次の食事で用いる時にも作法に支障が出ないように、きちんと丁寧に元に戻し、整えてしまうことが示されるのである。

伝統的な禅の用語に、「高処高平、低処低平」という語句がある。端的にいうと、「高きは高きにおいて平らかであり、低きは低きにおいて平らかである」という意味である。つまり、「あるべきものは、あるべきところにあって、整っている」ということである。道元禅師もこの語句をしばしば用いており、『正法眼蔵』などの著作に散見される。特に、本書と対を為す『典座教訓』では、調理の後に器物を片づける際の用心として記されている。

自分が使わせていただいたものは、自分が責任を持って元の通りに片づけ整える。

右手に鉢刷を持ち、熱湯（浄水）を頭鉢に受ける

鉢刷で頭鉢の内側を洗う

湯を頭鐼に移す

頭鐼上で頭鉢の側面を洗う

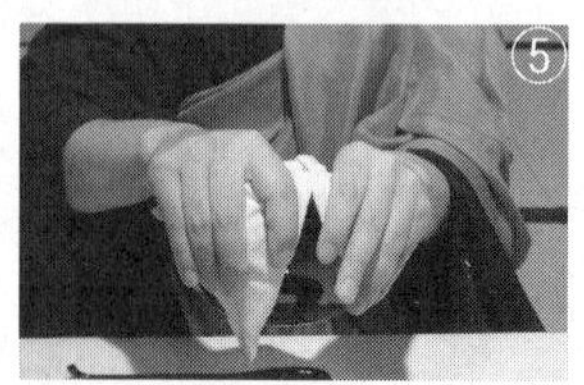

鉢拭で頭鉢を拭く

鉢拭は頭鉢の中に入れる

頭鐼にて匙・筯（箸）を洗う

匙・筯を拭いて匙筯袋（箸袋）に収める

鉢刷で頭鐼を洗う

頭鐼と第二鐼を入れ替え、湯を移す

頭鐼を拭いて頭鉢に収める

第二鐼にて鉢刷を洗う

鉢刷を拭いて匙筯袋に収める

写真33　洗鉢

それが自分の持ち物であろうとなかろうと区別はない。自分の行いに責任を持ち、人任せにしない。道元禅師は、このことを強く勧める。これも禅における一つの特色である。

二〇、器を洗った水の処理（折水）

鉢水、未だ折てざるに、浄巾を摺むことを得ざれ。鉢水の余り、床下に瀝ることを得ざれ。

仏言く、「残食を以て鉢水の中に置くことを得ざれ。応当に学すべし」と。

折鉢水桶の来たるを待ちて、先ず合掌して応に鉢水を、折鉢水桶に棄つべし。

鉢水を浄人の衫袖に灑がしむることを得ざれ。

手を鉢水に洗うこと得ざれ。

鉢水を不浄地に棄つることを得ざれ。

器を洗った水（鉢水）を回収してもらわないうちに、膝掛け（浄巾）を畳んではいけない。

食器に残った水を席の下に垂らしてはいけない。『根本説一切有部毘奈耶』では、お釈迦様の言葉として「食器を洗った水の中に残飯を入れてはいけない。よくよく心得ておくべきである」と説かれている。

器を洗った水を回収する桶(おけ)（折鉢水桶(せっぱっすいつう)）を持ってきた浄人(じょうにん)がやって来るのを待つ。来たらまず合掌して、そのまま器の水を桶に捨てなければならない。

洗った水を浄人の衣の袖(そで)にこぼしてはいけない。

洗った水で手を洗ってもいけない。

洗った水を汚れた場所に捨ててもいけない。

ここは、前の段落で示された食器の洗い方に続く説示である。最も特徴的なことは、器などを洗った水の始末に焦点が絞られていることである。

食事の後、使用した食器類を洗うというのは、日常生活の中で当たり前のように見られる光景である。しかし、その方法や手順などが詳(つまび)らかに記された書物というのは、目にすることがないように思われる。もっといえば、器を洗った水の処理にまで言及している書物は、本書をおいて他に存在しないのではなかろうか。

では、なぜ道元禅師がこのように徹底しているのかといえば、ひとえに水の大切さやありがたさを深く心に刻んでいたからといえる。しかもそれは、実生活的な重要さということだけではない。道元禅師は水を、仏法・禅のまなざしで捉えている。

例えば、『正法眼蔵』には「山水経」という一巻がある。この巻では、「山・水というのは単なる自然物ではなく、真実の教えである経巻（お経）に他ならない」ことが示されている。つまり、道元禅師は、「山のありようや水の流れ（音）は、ただの自然ではなく、世の理を説く仏の説法であり、その教えを極め、伝えて来た、古の仏祖（さとりを実現した禅の歴史に名を連ねる僧）の姿や言葉」と見たのである。そのため、「山水経」巻の冒頭では、

而今の山水は、古仏の道現成なり。

〔いまここの山、水は、仏や祖師たちがさとり、言い得た言葉としての、仏法の姿と声に他ならない〕

と断言している。ちなみに、ここでいう「而今」は「絶対の『いま』」、「道」は「言う」「語る」、「現成」は「真実として明らかに立ち現れる」という意味である。

こうしたところはまた、道元禅師の作とされる和歌にも詠まれている。道元禅師の和歌は、全五三首（所伝のものを含めると六六首）を数え、内容に基づいて、それぞれ題が付されている。その中に、「題法華経」と銘打たれている五首があり、第四番目に次の一首がある。

峰の色　谷の響きも　皆ながら　吾が釈迦牟尼の　声と姿と

これは、「四季折々に色づく峰の景色、渓谷に流れる水の音、それは全て私自身が理想とする釈迦牟尼仏の明らかな声であり、姿に他ならない」というほどの意味である。

道元禅師は、意図や計らいのない（人為などが一切介在しない）世の中のありようを、さとりの世界、仏の境界と見る。その最たるものが、あるがままの自然の営みである。春の花、夏の翠緑、秋の明月、冬の雪などをイメージするとよいかもしれない。さとりに対するこうした価値観は、何も道元禅師に特有のものではなく、禅の伝統的な見地といえる。この、「自然なるさま」を自分自身（自己）に具現することが、さとりに他ならないという。

このように道元禅師は、仏のまなざしで自然を、そして水を捉えた。それは、水のありように、真実（さとり）の躍動を見たからに他ならない。だからこそ、食器を洗った水の始末についても事細かに述べ、大切に扱うよう言葉を尽くすのであろう。

また、本書と対を為す『典座教訓』においては、漉白水嚢（米の研ぎ汁を漉して糠を取り除く浄水用の布袋）を用いて水（研ぎ汁）を再利用するよう説き示されている。水は仏の説法であり、さとりの声である。だからこそ、一滴の水も無駄にしてはならない。道元禅師の説示からは、このような確固とした意志が聞こえてくる。

なお、本書には記されていないが、現在、永平寺などでは折水の際に「折水の偈」を唱える。

我此洗鉢水　如天甘露味　施与鬼神衆　悉令得飽満　唵摩休羅細娑婆訶

〔我が此の鉢を洗いし水は、天の甘露の味の如し。鬼神衆に施与し、悉く飽満なることを得せしむ　唵摩休羅細娑婆訶〕

偈の意味は、「私が鉢を洗ったこの水は、天の飲み物である甘露のように全てをよく潤す。これを鬼神たちに施し、漏らすことなく満足を得させる。唵摩休羅細娑婆訶〔心からの誠を捧げよう、無上の幸いが円満に成就するように〕」である。つまり、器を洗った水すらも安易に捨てることなく、鬼神たちが潤い満たされるように施すというのである。なお、この水が「甘露（天人の飲料とされ、釈尊が誕生した時に天から降り注いだとされる）」といわれるのは、応量器を清らかに洗った水であるため、大いなる仏法の力が備わっていると考えられたからと見ることもできる。

この偈文は、初めの四句が「偈」、末尾の一句が「真言」である。真言とは、古代インドの言葉を音写したものである。語意に基づく漢文（語）ではないため、漢字の意味は用を成さない。真言は、神秘性が強く、音そのものに絶大な法力が備わっているとされることから、祈禱や供養などの場面で用いられることが多い。

また折水の偈は、禅宗において古くから読まれている偈文である。ただし、これには大きく三つの系統がある。一つは「偈」のみのもの、もう一つは「真言」のみのもの、最後は先の文のような「偈＋真言」のものである。古来の典籍では、最後の「偈＋真言」の形態が最も多い。なお、第一六段と同じように中国の清規類にも見られる。

道元禅師は本書で折水の偈を読誦（どくじゅ）するよう示してはいない。そのため現在の作法は、古の規式に倣って後世に制定されたと考えられる。

二一、食器の収め方（収鉢）

頭鑽以下、両手の大指もて鉢盂の内に迸安せよ。

次に左手を仰かせて鉢を把り、複帕の中心に安く。

右手を覆せて、以て身に近き単縁を把りて、鉢盂の上を蓋い、両手にして鉢単を畳みて、鉢盂の口に安く。

次に身に向かう帕角を以て、鉢の上を覆う。又、床縁に垂るる帕角を以て、身に向けて重ねて之を覆う。

次に匙筯袋を以て、浄巾の上に安く。古時には鉢刷を帕の上に安く。今は鉢刷を匙筯袋に盛る。

次に鉢拭を以て匙筯袋の上に蓋覆す。

次に左右の手を以て、左右の帕角を取りて、次に鉢盂の上の中央に結ぶ。結ぶ所の帕角の両端を、同じく右に垂らす。一には鉢盂の身に近き方を記し、一には容易に帕を解かんが為なり。

水を捨てたら、熱湯で洗ったことによって既に乾いている頭鐼などの食器を両手の親指で押し広げるようにして持ち、頭鉢の中に重ね入れる（迸安）。次に、左の手の平を上にした状態で重ねた器を持ち上げ、包み（複帕）の真中に置く。

右の手の平を下にして食器を載せていた鉢単の手前の右角を摑んで取り出し、器の上を覆うようにして平らに持ったら、その位置で両手で鉢単を畳み、畳んだら器の上（口）に置く。

次に、手前側にある包みの角を取って器を覆う。また、床縁に垂れ下がっている布の角を取って手前側に引き戻し、先に器にかかっている布に重ねて二重に覆う。

次に、既に畳んで器の上に置いてある膝掛けの上に置く。なお、かつて鉢刷は包みの上に直接置いていたが、今は箸袋の中にしまう。

写真34　器を一枚ずつ頭鉢に重ねる（迸安）

写真35　複帕の包みの両角は右側へ

次に、器を拭(ふ)く鉢拭(はっしき)で箸袋(はしぶくろ)の上を蓋(ふた)するように覆う。次に左右の手で、左右の包みの角をとり、器の中央で結ぶ。結んだ時に包みの両角はいずれも右側に垂れるようにする。理由として、一つは器の手前側が分かるようにするためであり、もう一つは簡単に結びをほどくことができるようにするためである。

ここでは、応量器のしまい方が示される【写真34・35】。具体的には、第八段で見た「展鉢(てんぱつ)」の逆の順序で各器などを片付け、袱紗(ふくさ)で包まれた元の状態に戻す。この時は、展鉢と同じように音を立ててはならない。そして、可能な限り素早く、正確にしまうことが求められる。

二二、食後のお唱え（処世界梵）

鉢盂を複み訖りて、合掌し黙然として坐して、下堂の槌を聞く。聖僧侍者、之を打つ。

聖僧侍者、堂外の堂頭侍者の下頭に在りて坐す。槌を打たんと欲する時、先ず座を起ち、床を下りて問訊し、合掌して堂内に入りて、聖僧の前に問訊し、香台の南辺を経て、槌の西辺に到る。槌に向かって問訊し、叉手して且く住持人、及び大衆の、鉢を複み訖るを待ち、進みて槌一下す。然して後、合掌して、次に槌の袱子を蓋い、訖りて又問訊す。〈今案は吉祥〉

此の槌を聞きて、維那、処世界梵を作す。

是れ用祥僧正の古儀なり。之に依りて暫く従随す。

一　器を包み終えたら、合掌して黙ったまま坐り、僧堂の退出（下堂）を告げる木槌の音が鳴るのを待つ。この木槌は維那ではなく聖僧侍者が打つ。

聖僧侍者は、僧堂外にいる住職の侍者たちの下座（下頭）に坐っている。聖僧侍者が木槌を打つ際は、まず坐禅を止めてその場で一礼挨拶してから席を下りる。そして合掌したまま僧堂内に入り、聖僧前で一礼し、焼香する台の左側（南辺）を通り過ぎて、槌砧の奥側（西辺）に移動する。その後、槌砧に向かって一礼し、叉手の姿勢でしばらく住職や修行僧たちが器を包み終えるのを待つ。全員が包み終えたら、聖僧侍者は前に進んで木槌を一回打ち鳴らす。

その後は合掌して、次に木槌を布（袱子）で覆い、終わったらもう一度槌砧に向かって一礼する。〈これは吉祥山永平寺（吉祥、福井県永平寺）のやり方（案）である〉

聖僧侍者による木槌の音を聞いたら、維那は「処世界梵」を唱える。

これは栄西（用祥僧正、一一四一～一二一五）が伝えた古い作法である。しばらくはこのやり方に従って行う。

ここでは、応量器を元の状態に戻した後、食事の終わりに「処世界梵」を唱える作

法が説き示される。いわば、「ごちそうさま」のお唱えである。この作法は、聖僧侍者が取り仕切って合図を出し、維那が偈文を唱える。応量器の準備や、食事をいただくお唱えなど、食べ始めの時は維那が先導していたが、聖僧侍者と連携している点が、この作法の特徴である。

ここで唱えられるのが、次の偈文である。

処世界如虚空　如蓮華不著水　心清浄超於彼　稽首礼無上尊

〔世界に存在することはあたかも虚空のようであり（処世界如虚空）
清らかな蓮華が水に触れないようなものである（如蓮華不著水）
この食事を終えるにあたってこの心が清らかであることは、そのような次元すら超えている（心清浄超於彼）
この上もなく尊い仏様に対し、敬意を払って礼拝申し上げる（稽首礼無上尊）〕

これは、恐らく中国の唐代頃から盛んに使用され始めた偈文と見られ、現在では「後唄」ともいわれる。受戒（僧侶となる儀式）など各種の儀式でも用いられ、宗派を問わずに使用されてきた形跡がある。禅宗では、修行道場の規則をまとめた清規類によく見られ、代表的なものとして『禅苑清規』（一一〇三年）や『入衆須知』（一二三六年頃）が挙げられる。

原文では、「維那は処世界梵を唱える」というだけで、具体的な文言はない。道元禅師の著述の中、「処世界梵」の名は『正法眼蔵』「受戒」巻にも見られるが、そこでも名称しか記されていない。こうした状況から察すると、道元禅師にとっては——あるいは当時としては——わざわざ詳細な文々句々を記すまでもないほど、日常的に唱えられていた偈文であったと考えられる。

最後には、この作法が栄西によって伝えられたものであることが記されている。後述の「道元禅師の生涯」に記されているように、道元禅師は比叡山で出家して、僧侶としての歩みを始める。その後、およそ二年間で比叡山を離れ、しばらく建仁寺に身を寄せる。ここで、栄西の高弟である明全（一一八四～一二二五）と出会い、ともに入宋を果たすのである。最後の部分は、この建仁寺の期間に学んだことによるのであろう。

なお、ここで注意しておきたいのが、「道元禅師と栄西は出会っていたかどうか」

ということである。これは、「道元禅師と栄西の相見問題」などとして、たびたび議論の俎上に載せられる。しかし、明確な史料が乏しく、現状は未解決のままである。末尾の一文は、よくこの問題を議論する際に取り上げられ、「栄西と道元禅師は出会っていた」と主張する際の資料として用いられることもある。しかし、文章を素直に読むと、道元禅師が栄西から直にこの作法を教授されたと理解することはできない。明全を通して、「栄西が建仁寺で食後に処世界梵の作法を始めた」という旨を伝え聞いた可能性も十分に考えられるのである。

二三、僧堂からの退出（出堂）

其の後、住持人、出堂するの次、放参の鐘を打つなり。

住持人、椅子を下り、聖僧に問訊する時、聖僧侍者、槌の辺を退きて、身を聖僧の帳の後に避けて、住持をして見せしむること莫かれ。

次に大衆、身を起こして鉢を掛く。先ず両手に鉢を擎げ、位を起ち、順に身を転じて掛搭単に向かい、左手に鉢を托し、右手もて鉤に掛く。然して後、合掌し、順に身を転じ、床縁に向かって床を下る。徐徐として足を垂れて床を下り、鞋を著け問訊す。上下肩を問訊すること、堂内の大坐湯の如し。入堂・出堂、上床・下床、並な此の式の如し。

次に蒲団を床下に収めて出堂するなり。

一　住職が僧堂を退出するに合わせて、住職の説法がないことを告げる放参の鐘が鳴らされる。

住職が椅子を下りて聖僧に一礼する時、聖僧侍者は槌砧から離れて聖僧の後ろに退き、住職から姿が見えないようにする。

次に、修行僧たちも坐禅を止めて、包んだ器を壁に掛ける。その掛け方は、まず両手で器を掲げ持って立ち上がり、右（順）回りで名札が掛かった壁側（掛搭単）を向き、左手で器を持ち直し、右手で壁の留め具（鉤）に掛ける。そして合掌したまま頭を下げて一礼し、再び右回りで元の方向に向き直り、座席の縁に移動して席を下りる。その時は、ゆっくりと足を下ろしながら席を下り、履物を履いてから右回りで席の方向を向き、左右の人に礼をする意味で、席に向かって一礼する。左右の人（上下肩）に挨拶することは、僧堂内で行われる特別な茶湯の儀礼（大坐湯）と同様である。僧堂の入り方や退出の仕方、席の上り方や下り方など、いずれも大坐湯と同様である。

次に、坐る際に使っていた坐蒲（蒲団）を単の下の空間に収めて、僧堂を退出する。

ここでは、応量器を元の状態に戻した後の作法が示される。簡略にいうと、応量器を壁の留め鉤に掛けて、坐っていた単から下り、僧堂から出る。ただこれだけのことであるが、ここでもまた細かな作法が定められている。右手・左手の使い方から、体を廻らす方向まで、極めて厳密である。その作法は、禅宗寺院で行われる喫茶の一つ、大坐湯と同じであるという。

「大坐湯」とは、禅宗寺院で古くから行われている「坐湯」という茶礼の一つである。これは、修行僧や客人に茶湯を供することをいう。坐湯には「大」「小」の二つがある。「大」は「大坐湯」、「小」は「小坐湯」である。これらは、開かれる場所が異なる。すなわち、「大坐湯」は僧堂で、「小坐湯」は方丈で行われる。「大坐湯」は、僧堂で行われる茶礼のことで、修行僧が一同に会して勤められる。

禅宗寺院の喫茶は、修行僧が禅定（坐禅による精神的な安定・統一）を実践する際に眠気を払い、坐禅に専心させ、修行を促進させるための手段とされていったと見られている。入寮茶・上茶湯・下茶湯・大坐茶・布茶・普茶・庫司点茶・特為献茶など、お茶を用いた多くの規式があり、これらは概ね歴代の仏祖（さとりを実現した禅の歴史に名を連ねる僧）に対してお茶を供える「献茶」と、修行僧に対してお茶の場を設ける「行茶（ぎょうちゃ）」に大別される。こうした茶礼（されい）（茶湯の儀式・礼法）は、茶湯が振る舞われる対象（相手）や目的によって、行われる場所も異なる。そのため、法堂（住職が法を説くお堂）・方丈（住職の居室）・僧堂・茶室など、寺院におけるいずれの建物においても茶礼の機会があり、その場に相応（ふさわ）しい作法が定められている。

なお、最後の文は、坐蒲を単の下の空間に収めることになっているが、現在では単（坐位）の上にそのまま置く場合もある。

二四、説法がない・特別な茶礼の場合（放参・大坐湯・煎点）

粥後の放参は、即ち住持人、出堂すれば、放参の鐘を打つこと三下す。如し早参に遇わば、更に鐘を打たず。如し斎主の為にせば、三下の後、陞堂す。亦た、須く放参の鐘を打つべし。

又、大坐茶湯罷りて、住持人、聖僧の前に問訊して出づ。即ち下堂の鐘を打つこと三下す。

如し監院・首座の入堂煎点せば、住持人を送り出だして、堂内に却来して、聖僧の前にて上下間に問訊し罷りて、盞橐出れば、方めて下堂の鐘を打つこと三下す。

大衆、方めて下床すべし。出堂の威儀、並な入堂の法の如し。一息半歩、宝慶記に在り。出定人の歩法なり。

朝食の後に住職の説法がない場合（放参）は、住職が僧堂を出る時に放参を告げる鐘が三回鳴る。ただし、朝食後に午前の説法（早参）がある場合は、決して鐘を鳴らさない。もし、食事を供養してくれた施主のために説法する場合は、放参を告げる鐘が三回鳴った後、住職は法堂に行って説法をする（陞堂）。この場合もまた修行僧に対する説法は行われないため、放参を告げる鐘を鳴らさなければならない。

また、特別な茶湯の儀礼が終わった後、住職が聖僧前で挨拶の一礼をして僧堂を出る。その時は、すぐに修行僧の退出を告げる鐘が三回鳴る。

監院や首座が僧堂で茶湯の儀礼（煎点）を主催した場合、主催者は儀礼後に住職を見送った後に僧堂内に戻ってきて、聖僧の前で僧堂の右側・左側それぞれに対して一礼し、終わって茶礼で使った各自の茶碗や茶托（盞橐）が片付けられた時、初めて修行僧に対して退出を告げる鐘が三回鳴る。

退出の鐘を合図に、修行僧は席を下りなければならない。僧堂を出る時の作法は、全て僧堂に入る時と同じである。

食事を終えた後、一呼吸ごとに半歩ずつ歩む歩法は『宝慶記』に示されている。

――これは、坐禅を終えた人の歩き方である。

この部分では、食事が終わった後の日課行持（毎日の決められた修行日程）と、それに関する鳴らし物の作法などにスポットが当てられている。中心となるのが、「放参」と「大坐茶湯〈大坐湯〉」である。後者の「大坐茶湯」については、前段の解説で詳述したため、放参について見ておこう。

「放参」とは、もともと「早参」と「晩参」から修行僧を放免することであった。「早参」とは、朝に住職が修行僧を集めて説法することであり、「朝参」ともいう。「晩参」とは、これが夜に行われることであり、「夜参」とか「夜話」ともいわれる。放参になると、住職の説法が休止されるため、修行僧には束の間の余暇が与えられる。しかし、余暇といっても好き放題に過ごす自由時間ではない。さまざまな典籍を熟読したり、自主的に坐禅をしたり、いわば自習時間として自分自身の修行を深めることに充てられる。あるいは、念誦（僧堂で修行僧が一層精進できるように祈念する法要）など、別の法要が行われる場合もある。

このような「放参」は、語句の持つ「放免」の意味が強調されて、入室参問（坐禅修行を進める中でさまざまに湧き起こってきた種々の疑問や、自分自身が看破した境地などを、師である住職に直接参じて問答すること）から修行僧を放免する意味にも用いられる。つまり、坐禅の時間を短縮したり、解放（休止）したりすることをいうのである。こうしたところを含め、現在では、決められている修行の日課や法要などを取り止めることを意味するようにもなった。

この「放参」を告げる鐘の鳴らし方が詳しく記されている。簡略にいうと、「放参」の場合は鐘が三度鳴る。逆に、「放参」でなければ――こちらが通常なので特に周知する必要がないため――鐘は鳴らないという具合である。こうして修行僧は放参か否かを判断し、食後の日程を把握するのである。

なお、末尾に記されている、『宝慶記』に関する文は後世の加筆である。この箇所は、坐禅が長時間に渡る時に行われる、「経行」という休憩の作法について書かれている。経行の時は、坐禅の姿勢を解いて単から下り、一呼吸につき半歩のペースで堂内を緩やかに歩いて、足の痛みや痺れを取る。その時、端からは止まっているように見えるほど、静かにゆっくりと歩く。呼吸を調えて緩歩するため、「歩く坐禅」ともいわれる。歩き方には、現在のところ三種類あると考えられている【図2】。これは、

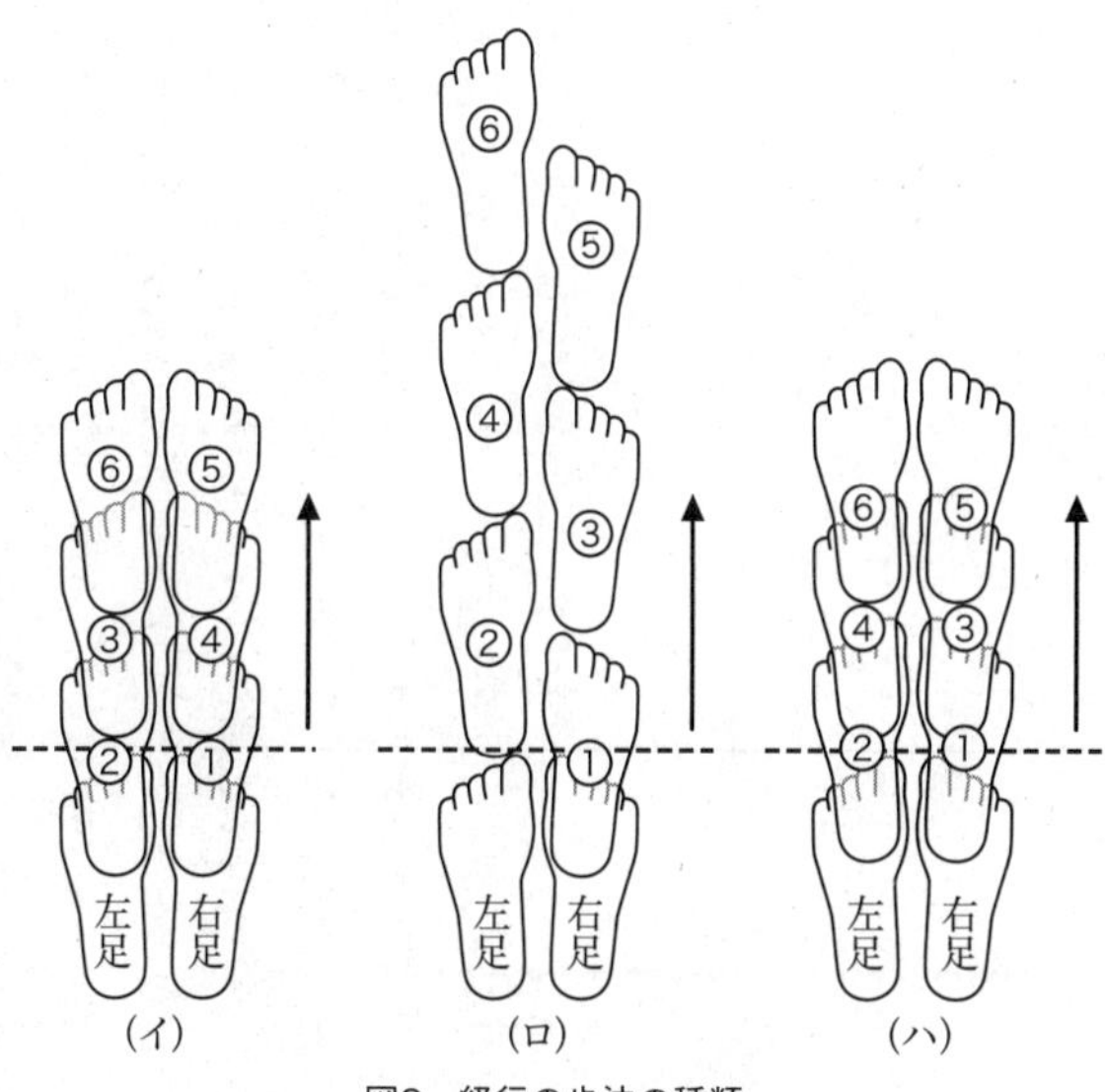

図2　経行の歩法の種類

道元禅師の著述には具体的な経行の歩法が明示されておらず、文章から読み取れる可能性を考えた結果、三種類に絞られたことによる。

『宝慶記』には、道元禅師が中国の天童山において師の如浄禅師（一一六二～一二二七）から教わった諸事が、問答の形式で記されている。従って同書は、中国における道元禅師の修行記録として位置付けられる。この中に、如浄禅師の言葉として経行の方法が明記されている。

道元禅師の生涯に沿って著述を並べると、中国での経緯が記された『宝慶記』は、その筆頭に据えられることになる。そうすると、同書は『赴粥飯法』よりも前に置かれるため、本書の中に『宝慶記』の記事があったとしても不都合はないように思われよう。しかし、『宝慶記』は道元禅師が亡くなった後、弟子の懐奘（一一九八〜一二八〇）が遺品の中からこれを見つけ、後に整理・編纂・書写して成立したものである。しかも、「宝慶記」というタイトルも道元禅師の命名ではなく、後につけられたことが判明している。こうした理由から、本書末尾の一文については後世の加筆と見るのが現在の定説となっているのである。

解　題

一、『赴粥飯法』総説

古式の禅宗の規則

本書『赴粥飯法』は、曹洞宗の大本山の一つ、永平寺を開いた道元禅師（一二〇〇〜一二五三）の著作である。道元禅師は比叡山で出家した後、建仁寺で栄西（一一四一〜一二一五）の弟子である明全（一一八四〜一二二五）に師事した。その後、明全とともに南宋へと渡り、如浄禅師（一一六二〜一二二七）の法を受け嗣ぎ、帰国後は京都深草に興聖寺を開創した。そして拠点を越前（現在の福井県）へと移し、永平寺の開山となった（詳しい事績は、後述の「道元禅師の生涯」を参照）。

さて、本書『赴粥飯法』の書題について、その意味を平易にいえば「食事に赴く作法」（禅宗では朝食に粥を、昼食に飯を喫することが通例となっている）となろう。そこには叢林（禅宗寺院）における食器の配置方法や扱い方、あるいは、お粥やご飯のいただき方といった食事作法などが事細かに示されている。しかし作法といっても、現代の一般家庭におけるそれとは大きく異なる。

まず前提として、古式の禅宗では僧堂で食事をとることが定められている。僧堂とは、堂内の一定の区画が各修行僧に割り当てられ、その場所で坐禅を行い、就眠する場所のことである。各々に割り当てられた場所を「単位」「鉢位」「被位」などと呼称する。「単」とは自分の名前が記される札のこと、「被」とは体を覆う掛布団などを意味する。後代になると、臨済宗などに見られるように「食堂」と呼ばれる食事のための建物が別に設けられるようにもなったが、曹洞宗の修行道場では古式に則り僧堂での食事が行われている。このように食事の場所が僧堂であることは、古式の禅宗の大きな特徴といえよう。

食事の際には、複数の器が入れ子状になった「鉢」と呼ばれる一揃えの食器を用いる。これを匙や筯（箸）、鉢単（器を並べる敷物）、鉢拭（布巾）、鉢刷（器をぬぐう小さなヘラ）などとともに袱紗で包んで一式としている。なお、この鉢は浄人（給仕係）から食を給仕される際、受け手が自分の体調等に応じて食べ切れる量を貰い受けることから「応量器」とも呼ばれる。この鉢の扱いを始め、禅宗では食事作法や僧堂内での動き方などが細かく規定され、これらを遵守することが求められる。そのため『赴粥飯法』では、僧堂への入り方に始まり、鉢の展げ方、給仕の受け方、粥・飯の食べ方、鉢の洗い方、鉢の納め方などを子細に説明するのである。

一般的に、食事の前後には「いただきます」「ごちそうさま」と挨拶するが、『赴粥飯法』では、前後だけでなく食中においても多くのお唱え事が規定されている。僧侶全員で唱えるものと、特定の役職（維那・首座・喝食）の者だけが唱えるものがあり、食事の形態（朝・昼、通常・非常）によっても異なる。また、口に出して唱えるものだけでなく、憶念（特定の事柄を想い念じること）を求められる場合もある。

例えば、実際に食べ始める直前、目の前の食事に対して合掌・低頭し、次の五つの事柄を思惟することが規定されている。

一には功の多少を計り彼の来処を量る

〔一つには、目の前の食事が出来上がるまでの様々な関わりを考え、その経緯に想いを巡らす〕

二には己が徳行の全欠を忖って供に応ず
〔二つには、私自身の日頃の行いを省みて、この食事をいただくに値する営みを為しているかどうか、よくよく考えて頂戴する〕
三には心を防ぎ過を離るることは貪等を宗とす
〔三つには、散乱する自らの心に注意を払い、過ちを犯さないようにするには、三毒の克服を根本とする〕
四には正に良薬を事とするは形枯を療ぜんが為なり
〔四つには、この食事をいただくことは、良き薬を服するようなものであり、この身を健全に保つためであると心得る〕
五には成道の為の故に今此の食を受く
〔五つには、仏の道を成就するために、今この食事をいただく〕

このように、一般的な「いただきます（ご飯を頂戴します）」や「ごちそうさま（美味しかった。作ってくれてありがとう）」の、さらに奥にまで想いを及ぼすのである。

道元禅師の独自性

『赴粥飯法』に記されるのは、道元禅師が著した食事の作法であるが、その内容はまったくの独創というわけではない。道元禅師の在世時には、既に『禅苑清規』（一一〇三年成立、長蘆宗賾編）と『入衆日用』（一二〇九年成立、無量宗寿著）という「清規」が存在していた。清規とは、禅宗の叢林で定められる修行僧が遵守するべき規範や規則のことである。前者には「赴粥飯」という項目が設けられ、後者にも喫食の作法が記されている。『赴粥飯法』は、中国の禅宗で行われていた食作法を基盤として書かれているのである。

しかし、本書が中国清規の単なる移植かといえば、そうではない。『禅苑清規』や『入衆日用』に加えて、新参の僧侶が心得るべき規則が記された『教誡律義』（七世紀成立、道宣著）や、律書の一つである『根本説一切有部毘奈耶』（唐代成立、義浄訳）、あるいは『三千威儀経』（後漢代成立、安世高訳）からも引用されている。つまり、当時の中国の禅宗で知られていた清規のみならず、それ以前に編纂された律書なども付加させているのである。*1

ただし、『禅苑清規』『入衆日用』からの引用に関しては、明らかに意図して削除された項目が存在する。例えば、昼食で自分の鉢に盛られたご飯から数粒取り出し、それを多くの鬼神に施す「出生」の作法について、『禅苑清規』『入衆日用』では、「汝等鬼神衆、我今施汝供。此食遍十方、一切鬼神共（汝ら鬼神衆、我いま汝に供を施す。この食は十方に遍じ、一切鬼神と共なり）」という偈文を唱えることになっている。しかし本書では「出生」はあっても、上記の偈文は記されていないのである。このように、先行する清規を基礎に据えながら適宜に取捨選択し、新たに律典籍から文言を挿入するなどして『赴粥飯法』は成立している。そういった意味では、道元禅師の独自性が多分に含まれた清規といえよう。

　また、本書の基層となるのが、作法の説明の前に冠された冒頭部である。そこでは『維摩経』の一節が示され、そこから仏道修行における「食」の根本的意義が明らかにされていく。それは、「若し能く食において等なれば、諸法も亦た等なり……」という言葉に始まるが、この「等」という言葉の解釈を中心に、論が進められていく。それによれば、この「等」とは、単なる「質や量が同じ」という意味の「等」ではなく、「正等覚（偏りがなく、正しいさとり）」としての「等」であり、また「本末究竟等（物事の根源と末節は究極的には平等であること）」の「等」であるという。つまり、ここでいう「等」とは、「すべてを平等にみること」であり、「すべての事象・現象の本質は根本的に同等と見極めること」という意味である。これは「諸法実相（すべての存在は真実の具現）」という教えに通じていく。そのため、食（食物・食作法）そのものに、真理のありようが顕現していることになる。換言すれば、真実の営みである仏道の実践は、食に現れているということである。

このように道元禅師は食の意義を強調する。これは「食の哲学」と捉えることもできよう。先の『禅苑清規』『入衆日用』には、このような説示は載っていない。食作法を単なるマニュアルでなく、仏法の次元にまで昇華させていることが、先行する清規との違いである。冒頭部の説示は本書の大きな特色といえるであろう。

『赴粥飯法』の伝播と諸本

本書は、奥書を欠くことから、撰述年次が不詳である。しかし、冒頭に「永平寺」とあることから、「大仏寺」を「永平寺」へと改称する上堂を行った寛元四（一二四六）年六月一五日[*2]以降の著作と推定されている。成立後、最も早く本書に言及した人物は、道元禅師下三世にあたる瑩山紹瑾禅師（一二六四～一三二五）である。

瑩山禅師は、能登の諸嶽山總持寺や洞谷山永光寺などを創建した。また、多数の優秀な弟子を育て、教団の教線を拡大する礎を築いた。これらの業績から、現在の曹洞宗では「太祖」と尊称されている。

瑩山禅師は多数の著作を残しているが、晩年に記した『瑩山清規』（一三二四年成立）の中に、『赴粥飯法』に関する記述が認められる。『瑩山清規』は、年中行事・日中行事・月中行事・回向文などで構成され、毎日行うべき事柄を規定する日中行事の末尾に、次のように記されている。

> 十二時中の行履、弁道法、赴粥飯、洗面法、洗浄法、幷寮中清規、参大己事師等の如きに委曲なり。悉く之を諳んずべし。
>
> 〔毎日の修行の中で遵守すべき作法は、『弁道法』『赴粥飯法』『正法眼蔵』「洗面」巻、「洗浄」巻、幷びに『衆寮箴規』『対大己五夏闍梨法』などで詳しく説明されている。これらをすべて暗記しなさい〕

ここに列記されているのは、叢林の日常生活に密接に関わる清規類である。瑩山禅師は、これらを全て諳んじられるまでに習熟すべしと示した。集団生活が営まれる叢林において、これらの清規を修めることは必須であったといえよう。

　このように、鎌倉時代末期までは、『赴粥飯法』を含む道元禅師の清規が継承されていたと見られている。しかし、その後『赴粥飯法』の存在が確認できるのは、一七世紀まで時代を下らなければならない[*3]。

　本書で底本としたのは、寛文七（一六六七）年に永平寺三〇世光紹智堂（一六一〇～一六七〇）が京都の林伝左衛門という版元より刊行した『日域曹洞初祖道元禅師清規』（以下、『永平清規』）に収録されているものである。現在、中世の写本等は発見されていないため、『永平清規』所収のものが最古のテキストとなる。

　近世における『赴粥飯法』の刊行状況を確認すると、永平寺五〇世玄透即中（一七二九～一八〇七）が祖道穏達（一七五九？～一八一三）に命じ、先の『永平清規』を校訂し、冠註を付した『冠註　永平元禅師清規』（京都柳枝軒発行）がある。また文政一〇（一八二七）年に刊行された『永平弁道法』（江戸梅華堂発行）にも収録されている。

二、インドにおける仏教と食

釈尊の修行

仏教はおよそ二六〇〇年前、紀元前七世紀頃（一説には紀元前六世紀頃）に釈尊がさとり、弟子にその教えを伝えたことから始まった。釈尊は俗名をゴータマ・シッダッタ（パーリ語でGotama Siddhattha）という。釈迦族の王子として生を受けた釈尊は、二九歳でその身分を捨て、髪を剃り、袈裟を身にまとって出家修行者（沙門）となった。釈尊が最初に行った修行は瞑想であり、アーラーラ・カーラーマ（Āḷāra Kālāma）とウッダカ・ラーマプッタ（Uddaka Rāmaputta）という二人の師の下で修めたが、さとりを得ることはできなかった。そこで、次に行った修行が苦行である。苦行の内容は息を止めることや、身体を痛めつけること、そして食事を極度に制限することなどであった。食事の制限では一日二食、二日に一食、七日に一食、そしてついには断食を行うにまで至った。常人では耐えられないほどの厳しい苦行を行ったが、身体は瘠せ衰え、生命が危機に瀕するのみであった。釈尊はまたしてもさとりを得ることがかなわず、瞑想に続いて極端な苦行もまた捨てることになったのである。

極端な苦行に意味がないことを見極めた釈尊は、苦行の場を離れて近くの川縁に向かった。そこで村の娘が捧げた乳粥を食べ、川で身を洗い清めた。そしてブッダガヤー（Buddhagayā）の地に赴き、菩提樹の下で七日にわたって坐禅をして、さとりを開くのである。ゴータマは仏陀（目覚めた人）となり、世尊、釈尊と尊称されることとなった。

菩提樹下での坐禅の前に乳粥の供養を受けたことからわかるように、釈尊は生命の存続に支障をきたすような食事制限をやめた。もっとも、釈尊はさとりを開いた後にも食べ物を厭う「食厭想」という瞑想修行を伝えており、一概に食事を肯定していたとはいえない。それでも、断食などの極端な苦行を避け、修行を続けるために必要な食物を摂取することは、仏教の食に対する基本的な態度だといえる。

出家と律

出家とは出家修行者（沙門）の身になることである。釈尊が王子の身分を捨てて修行の道に入ったように、生業を捨て、髪・鬚を剃り、袈裟を纏うことが「出家」であった。そしてサンガ（saṅgha）と呼ばれる仏教教団に入るためには、正式な出家修行者である比丘（女性は比丘尼）の集団から承認を得なくてはならなかった。

さらに、比丘・比丘尼となるには二〇歳以上（正確には受胎後二〇年以上）の年齢が必要であり、それに満たない者はまず沙弥となった。沙弥は、一〇個の心得（沙弥十戒）を師匠となる和尚（upajjhāya）より授かり、それを守らなければならない。そして、二〇歳を超えて比丘・比丘尼となる際には、三師七証と呼ばれる合計一〇人の僧侶の立ち会いが必要であった。三師とは、師匠である和尚一人、審問などを務める阿闍梨二人であり、七証とは証人となる七人の比丘（比丘尼）であった。

さらに、比丘・比丘尼となる上では「戒」という、個人が遵守すべき心得を受ける。これを「受（授）戒」という。上座仏教に伝わる『パーリ律』には、比丘二二七条、比丘尼三一一条の戒があった。また、日本で引用されることの多い『四分律』では比丘二五〇条、比丘尼は三四八条の戒がある。その項目の主たるものとしては殺人の禁止、盗みの禁止、性交渉の禁止、大妄語（さとっていないのにさとったと嘘をつくこと）の禁止がある。

比丘・比丘尼となった者は世俗的なルールではなく、僧団のルールに基づいた生活を行う。そのルールや受（授）戒の儀式の行い方などを規定しているのが「律」である。律にはルールを破った場合の処遇・処罰も記されており、一番厳しいものは追放や謹慎、軽いものは自己反省や先輩僧侶への犯した罪の告白があった。また他にも、どのような持ち物を持つべきなのか、どのような生活をするべきなのかなども規定されている。『パーリ律』に基づいて、出家修行者（比丘・比丘尼）の食事における規定を見ていこう。

袈裟と鉢が示すこと

出家者の持ち物は三衣一鉢が基本であった。三衣とは三種の袈裟のことであり、大衣・七条衣・五条衣を指す。大衣は托鉢に出かけたり、王宮に招かれたりした際に用いる正装で、七条衣は礼拝の際などに着用する衣、五条衣は日常の作業や就寝の時に着用する肌着であった。もともとは落ちているぼろ布を縫い合わせて作り、もし新しい布を寄進された場合は、小さく切ってから縫い合わせ、土色に染めてから着用しなくてはならなかった。こうして作られた袈裟は「糞掃衣」とも呼ばれた。

鉢は鉄または焼き物でできたものに限られており、木製のものは禁じられていた。

穴や裂け目ができた場合であっても、五回は修繕して使わなくてはならなかった。[*4]

この鉢を用いるきっかけとなった逸話が『パーリ律』に残されている。それはタプッサとバッリカという二人の商人の逸話である。

歩いていた二人に神が語りかけ、「さとりを開いた釈尊に麦菓子や蜜団子を差し出しなさい」と告げた。そうすることが二人の利益・安楽になるのだという。二人は釈尊の前へと赴き、麦菓子と蜜団子を差し出した。すると釈尊は「修行を完成した方々は手では受けられないものである。わたしはいったい何でもって麦菓子や蜜団子を受けようか」と思ったのだという。その時に四天王が四つの石鉢を釈尊に捧げた。「尊き方よ。麦菓子や蜜団子をこれにお受けくださいますように」と。こうして釈尊は新しい石鉢を受け、麦菓子と蜜団子を受けて食した。その後、二人の商人は仏教の在家信者になることを誓って去って行った。

仏教学者の佐々木閑氏は「鉢は仏教が乞食生活によって生計を立てていくという、その出発点を明確に示している。最初の信者獲得の場面がそのまま在家信者による出家者の扶養という仏教教団の基本的な経済システムの成立をも物語っているのである」[*5]とする。このように、鉢は仏教者が在家信者から食を得て修行を続ける上で象徴的な意味合いもあったのだろう。

四依法における食

また、出家生活の原則として示されているのが「四依法（しえ）」である。これは「衣・食・住・薬」の四つを指す。「衣」は前述の糞掃衣に限ること、「食事」は乞食によらなければならないということ、「住まい」は樹下であるべきこと、「薬」は牛の尿を発酵させたものに限ることが規定されている。乞食は仏教の文脈では「こつじき」と読み、今日の日本では托鉢（たくはつ）として知られているものである。ここでは「原則」とされる乞食であるが、在家信者から供養されるもの（余得（よとく））がなかった場合に行っていた。

比丘・比丘尼は世俗の生業（なりわい）を放棄するため、農業などの生産活動に関わることができなかった。そのため、必然的に食事は在家の信者に頼ることとなり、これを獲得する最も主要な手段が托鉢であった。実は、これは仏教独自の手法ではなく、以前から他の宗教でも行われていた風習である。仏教もまた当時の風習に従い、比丘たちが食物を得るのは、原則として托鉢によるとされた。

食事に関するルール

「正式な」食事は、午前中に一回、托鉢に出掛けて施されたものを食べるのが原則とされた。また、食品を調理してはいけないとされたため、いわゆる自炊生活も禁止されていた。さらに、修行者の集まりである僧団の中には食料貯蔵庫を設けることができず、飢饉（ききん）の時を除いて食物を貯蔵することは禁じられていた。そのため、在家信者が食事を作って提供する際にも不便が生じたようである。そこで正式な僧団の土地（「界」と呼ばれる）ではない区画を用意し、食料貯蔵庫を設置した。そこには調理施設も併設され、在家信者がその場で調理することが可能となった。

出家修行者に許される食事のことを四薬という。この薬は今日でいうところの医療用の薬ではなく食物を指し、飢渇や病を遠ざけることから「薬」と呼ばれる。この四薬のうち、午前中に食して良いとされるのは時薬であり、米・麦・粟などの飯、パン、そして魚や肉であった。

肉は「三種の浄肉」と呼ばれるものに限り、食べることを許されていた。これは

「布施のためにわざわざ処理された肉である」ということを、修行者が見ることなく、聞くことなく、疑うこともなかったものである。布施されたものは選り好みせずに食べるのが基本であり、そこには肉魚も含まれた。釈尊が亡くなる直前に信者からの布施を受けたが、その際に提供されたのが豚肉であったという説もある。

もっとも、肉の種類によっては、そもそも食することが禁じられていたものもあった（十種の肉禁）。それは人・象・馬・犬・蛇・ライオン・虎・豹・熊・ハイエナの肉である。肉ではないが、食後の口臭がきつくなることからニラ・ニンニクも禁じられていた。

これらの原則の他に、食すことが許されていたものもあった。それは、早朝の薄い粥である。この粥は自分たちで作ったものではなく、在家信者によって早朝に提供されるものは、正式な食事とは見なされなかった。また、水や果汁などのジュース類も飲むことができた。さらに、バターや油、蜜、糖などの摂取も認められていた。これらは表立っては特例とされていたが、日常的に行われていたものと考えられている。

また、食べ残しは捨てなければならなかったが、「食し終わった」と宣言することで他人に分け与えることができ、他の修行者から分け与えられたものは、午前中であれば食べることが許された。これは余食法または残食法という。なお、この食事を翌日に持ち越すことも貯蔵に該当するため禁じられていた。

正式な食事の基本は托鉢によって得たものであるが、他にも在家信者から供養を受けることがあった。それは信者の家に招待を受けるものと、信者が食事を僧団に運び、僧団の中で分配して食べるものである。これらも正式な食事と見なされていたため、供養を受ける際には托鉢には出なかった。

もちろん、修行者全員が毎回供養を受けることができたわけではない。誰が供養を受けるのかについては、修行者が個人で指名を受ける場合や、人数制限がある場合、また僧団から供養を受ける人間が法臘（出家してからの年月）などによって選抜される場合があった。

果物と浄人

出家者が果物を食べることは許されていたが、生果をそのまま食してはならなかった。比丘・比丘尼が生果を食す時は、園民（僧園の使用人）か優婆塞（在家信者）に果物をあえて傷つけてもらい、生果でない状態にしてもらってから食していた。このような、食事の規定に抵触しないようにしてくれる在家人は、浄人と呼ばれていた。

また、出家者は植物を傷つけることも禁じられていた。これに関しては次のような逸話がある。

ある修行者がお堂の補修のために樹を伐採したところ、その樹に住んでいた女神が怒り、その修行者を害しようとした。しかし、女神は思いとどまって釈尊のもとを訪れて救いを求めた。釈尊は女神を別の樹に移り住まわせ、修行者に対し、樹木には生命があるという思いを世間の人々は持っているので、樹木を伐採することは罪だと言った。

この逸話はただちに植物に命があるとするものではないことに注意したい。「女神」と呼ばれる精霊のような存在が宿っていたからこそ釈尊は伐採を禁じたのであり、樹木そのものを伐採することが否定されたわけではない。

仏教と同じ時期にインドで発展したジャイナ教では、全ての植物が一つの感覚器官を持つ生物であると考え、輪廻(りんね)して、人間も植物として生まれ変わることがあり得るという思想があった。これは、当時のインド社会の一般通念であったとも考えられている。[*6]

しかし、仏教では植物が輪廻の主体となるとは考えられていなかったようだ。植物の生命の有無を取り上げて議論することはなく、植物を伐採することは不善の行為であるとされたのみであった。

釈尊の「なまぐさ」観

釈尊は苦行のように極端に食事を制限することなく、在家信者からの布施によって日々の糧を得た。そして肉でも魚でも、供養されたものは食していたのである。厳格なものと思われがちな初期仏教が肉食（にくじき）を否定しないのは、意外なことに思われるかもしれない。ここで最後に、釈尊の教えを伝える最古層の経典『スッタニパータ』に収められる『生臭経（アーマガンダスッタ〈Āmagandhasutta〉）』を紹介しよう。

二四二　生物を殺すこと、打ち、切断し、縛ること、盗むこと、嘘をつくこと、詐欺、だますこと、邪曲を学習すること、他人の妻に親近すること――

これがなまぐさである。肉食することが「なまぐさい」のではない。

二四三　この世において欲望を制することなく、美味を貪り、不浄の（邪悪な）生活をまじえ、虚無論をいだき、不正の行いをなし、頑迷な人々——これがなまぐさである。肉食することが「なまぐさい」のではない。

二四四　粗暴・残酷であって、陰口を言い、友を裏切り、無慈悲で、極めて傲慢であり、もの惜しみする性で、何人にも与えない人々——これがなまぐさである。肉食することが「なまぐさい」のではない。

釈尊は「何かしらの善なるものを求めて」出家の道を志したという。食を否定的なものとして捉えるのではなく、修行を継続していくために欠かせないものであると考えていた。食に優劣をつけず、とらわれることもなく、今自分が善き行いをすることができているかどうかに目を向ける。釈尊のこのような食の捉え方は、当時のインドの社会や宗教のあり方に対して、一石を投じるものであっただろう。

三、中国における仏教と食

禅宗と清規の登場

インドにおいては、出家修行者に食事を施す文化は一般的なものであった。しかし、中国では定着しなかったという。そのため、一日の食事を乞食（托鉢）によって賄うことは困難であった。もちろん乞食が完全に廃れたわけではなかったが、それは形式化・儀式化していったものと考えられている。中国における寺院の多くは荘園を有するようになり、そこから徴収される小作料を主たる収入とした。それのみならず、精米・製粉業や貸店舗、金融業も営まれていたという。[*7] 仏教が中国の政治・文化・風習と融合した結果、寺院の形態が変化したのである。こうした中、禅宗にも特徴的な変化が生じていった。

「禅」は、「静慮（じょうりょ）」を指すサンスクリット語「dhyāna（ディャーナ：パーリ語ではjhāna）」の音訳である「禅那（ぜんな）」の略称と説明される。「定（じょう）」と合わせて「禅定」ともいう。その禅を冠する「禅宗」とは、坐禅を専らにする集団に対する呼称である。

禅は初祖の菩提達磨（生没年不詳）がインドから中国に伝え、慧可（四八七〜五九三）から僧璨（？〜六〇六）へと引き継がれたとされる。[*8] そして中国において思想的に発展し、日本・朝鮮などの周辺国へ伝播していった。

禅宗が発展を遂げた要因の一つとして、活動拠点を都市部から地方の山間部へ移したことが挙げられる。[*9] 都市から離れたことにより、乞食はもちろんのこと、在家信者の布施による食事の確保も困難となり、僧侶自らが食物の生産に従事するようになった。それは、僧侶が生産活動に携わることを禁じる戒律に抵触する行為であり、結果として、禅宗独自の規則や規範、すなわち「清規」が定められることになった。

清規とは「清浄大海衆規矩準縄」の略称とされる。「清浄大海衆」とは「修行僧」のこと。「規矩準縄」は「コンパス（規）」「定規（矩）」「水平をはかる器具（準）」「直線を引くための道具（縄）」という字義の文字から成り、「規則・手本」を意味している。つまり、禅宗において修行僧が則るべき規則や規範のことを指すのである。

「百丈清規」と『禅苑清規』

中国の北宋時代、禅宗に受け継がれた法（教え）の系譜を記した『景徳伝灯録』

（一〇〇四年成立、永安道原著）が編纂された。ここには一七〇〇人を超える禅僧が記録されており、多くの問答（禅僧に投げかけられた疑問への応酬）や伝記が収録されている。禅宗研究に当たって欠かすことのできない重要典籍である。

このうち百丈懐海（七四九～八一四）に関する章（『景徳伝灯録』巻六）に「禅門規式（百丈規縄頌）」が収録されており、一〇世紀における中国禅林の一端を知ることができる。[*10]

菩提達磨を初祖と仰ぐ禅宗において、第六祖に位置付けられる慧能（六三八～七一三）の頃まで、禅宗の僧侶は律院（インド由来の戒律を重視する律宗寺院）に居住していた。つまり、独自の活動拠点を設けるまでは律僧の活動拠点に間借りしていたのである。しかし、禅僧が仏法を実践し、教えを世に広めるに当たり、どうしても律院の規則と合わなかった。この状況から脱却するため、律院から離れて居住を分けたのが百丈懐海とされる。『景徳伝灯録』の記述によると百丈は「何故、従来の戒律に準拠しないのか」といった問いに対し、「大乗や小乗というような枠組みに限定されることのない、いわばそれらを博約折中した規則の制定を企図している」[*11]と応えている。

百丈は、禅宗独自の規則がないことを懸念し、従来の戒律とは異なる新たな規則を設け、独自の活動を行うようになった。禅宗清規の最古形態は、このような百丈の事績を踏まえて「百丈清規」という名称で呼ばれている。

現存する最古の清規は、崇寧二（一一〇三）年に長蘆宗賾（一〇四〇？～一一〇九？）によって編集された『禅苑清規』である。これは中国各地での行法を踏まえ、叢林における行事や制度等が詳説されたものであり、後世に編纂される諸清規の基準となった。清規史上において、最も重要な書籍である。

一日不作、一日不食

律院から離れた禅宗は、地方に展開し、新たな活動拠点を設けることになった。そこでは僧侶自身が種々の労働に従事するようになったが、禅宗ではこれを単なる日々の労務とはせず、「作務」という仏道修行の一環として位置付けた。これは次の百丈の逸話からも伺い知ることができる。

高齢にもかかわらず、修行僧に先んじて作務に勤しんでいた百丈であったが、ある時、百丈の体を案じた周りの修行僧たちが道具を隠し、休むように懇願した。

しかし百丈は「私には徳が無いのに、他人を働かせることなどできようか」と述べ、道具を探した。そして道具を見つけることが出来なかった時は、食事を摂らなかったという。

こうした百丈の行いから「一日不作、一日不食〔一日作(な)さざれば、一日食らわず〕」という言葉が広まったと伝えられている[*12]。

俗に「働かざるもの食うべからず」という慣用句がある。これは、労働から逃避して怠けているものは食事を得るべきではないという意味で用いられる。しかし、百丈の伝える逸話はこれと同じ意味ではない。百丈にとっては、労働の対価として食事という報酬があるのではなく、あくまで日々の仏道として作務があり、その結果が食という功徳に結びつく。だからこそ「一日不作、一日不食」として、自らの行いが食という功徳を実現させる境界(きょうがい)が示されるのである。百丈の言葉は自らに対する戒めでもあり、報酬獲得のための価値観とは大きな相違があることはよく弁(わきま)えておかなければならない。

このように、禅宗における作務は単なる雑務としての労働ではなく、それ自体が仏行とされた。そして、これを行じるための役割分担がさまざま定められるようになり、修行僧は自分の務めを日々全うしながら、叢林での生活を営むことになった。その流れの中で、修行として食事に携わる役職が登場することになる。

典座と飯頭

食に関する叢林の役職に「典座（てんぞ）」がある。現在では調理全般を統括する役職であり、道元禅師はこの心構えや重要性を『典座教訓』として著している。『典座教訓』については後に改めて触れることとし、ここでは「典座」について見ていこう。

「典座」はもともと食に関する役職というよりも、「僧団全般を管理」する役職を指していたが[*13]、次第に叢林の「食」に特化する職になっていった。

そもそも禅宗において、食が意識されるようになったのはいつのことであろうか。先に記した百丈の「禅門規式」には、次のように記されている。

> 斎粥（さいしゅく）の宜（よろ）しきに随（したが）い二時均（ひと）しく遍（あまね）くするは、節倹に務む。
> 法と食との双（なら）び運ぶを表すなり。

普請の法を行じ、上下力を均しくするなり。

十務を置き之れを寮舎と謂い、毎に首領を一人用いて多人を管し事を営み、各々をして其の局を司らしむなり。

〈飯を主る者を目づけて飯頭と為す。菜を主る者を目づけて菜頭と為す。他は皆な此れに倣う〉

〔朝食と昼食の時に応じて、どちらも同じように行き渡らせるというのは、節約に務めなさい。

法と食とが対等に巡る様があらわになるのです。

全ての僧侶を請して作務を行う際には、上の者も下の者も等しく力を合わせなさい。

十務という部署を置き、これを寮舎と呼称する。寮舎ごとに寮長を一人配し、多くの人を指導して事に当たりなさい。各々がその役割を全うしなさい。

〈飯を主管する者を飯頭とする。菜（おかず）を主管する者を菜頭とする。その他の者は皆、彼らに倣いなさい〉〕*14

まず一〇世紀の禅宗において、既に「法（教え）」と「食」とが対等なものとして位置付けられていたことがわかる。つまり「食」に関わる事柄はすべて「仏行」と捉えられていた。

また、叢林における作務は単なる雑務ではなく、それ自体が仏道であり、作務を行う際の心構えとして「上下力を均しくするなり」と示している。役職や法臘などにかかわらず、皆が平等に力を合わせるのが、叢林における作務であり、指導的立場の者が持つべき意識なのである。

そういった価値観を前提として、「十務」と称される寮舎（部署）の存在と、それぞれに責任者が置かれていることが説明される。そして、「飯」を専門に取り扱う「飯頭」と、同じくおかずを専門に取り扱う「菜頭」の存在が示される。このように「典座」に先立って、「飯頭」「菜頭」が食に関わる役職として成立していたのである。

なお「飯頭」という役職については『景徳伝灯録』に先立つ『祖堂集』（九五二年成立、静〈生没年不詳〉・筠〈生没年不詳〉編）にもその名称を確認でき、また雪峰義存（せっぽうぎそん）（八二二〜九〇八）が、かつて飯頭であったこと[*15]なども確認することができることから、一〇世紀頃の叢林においては「食」を代表する役職であったといえよう。

食の統括者としての典座

「典座」が食に特化した役職とされたのは、『禅苑清規』からである。この書の「典座」項に「典座之職、主大衆斎粥〈典座の職は、大衆の斎粥を主る〉」[*16]とあり、典座が食事を統べることが明確に述べられている。

典座は、「知事」の一つとして紹介されている。知事とは、住職以外に定められた職位のことで、禅宗寺院を運営するに当たり「頭首」と呼ばれる役職とともに複数定められていた。四知事とも称され、寺務全般を総括する「監院」、修行僧を指導・監督する「維那」、伽藍の維持・管理を担当する「直歳」、そして前述した「典座」の四つの職位からなる。こうした役職は住職から任命され、それぞれの職務を担う者たちが協議しながら、寺院内外の諸事に当たっていたのである。

それでは、『禅苑清規』によって典座と食が結び付き、役職として規定されたのはどのような経緯によるのであろうか。

もともと典座の立場は僧侶の管理者であり、食事の手配や普請〈修行僧を普く請して勤労すること〉などを通して間接的に「食」に関わっていたとされる。そのうち、禅宗において僧侶自身が直接「食」に携わるようになると、「飯頭」や「菜頭」といった食事に関する専門的役職が登場するようになった。そして、典座がそれらを統括する役職として位置づけられていったのである[*17]。

このように叢林では、僧侶自ら食を主管し、その役職である典座は叢林を運営する「知事」の一つとされ、加えて食事を給仕する「浄人」も修行僧の役とされていた。こうした点からも、食を仏道修行とする禅宗の特徴を見て取ることができる。

四、道元禅師と清規

『永平清規』の六篇

道元禅師の清規としては、「永平清規」が知られている。これは、本書『赴粥飯法』の他、『典座教訓』『弁道法』『衆寮箴規』『対大己五夏闍梨法』『知事清規』という、道元禅師撰述の六篇がまとめられたものである。

漢文体で書かれたこれら六篇は、永平寺三〇世として晋住した光紹智堂によって見出され、寛文七（一六六七）年に『日域曹洞初祖道元禅師清規』として上梓されたものである。

注意しておきたいのは、これが道元禅師の手によるものではなく、後世にまとめられたという点である。それというのも、道元禅師の撰述の中で清規的な性格を有する書は、ここに収録された漢文体六篇だけではない。仮名で記された『正法眼蔵』にも、僧堂での進退や作法を始めとした記述が多く確認できる。

しかし道元禅師は、これらの撰述を編纂・統合した、いわば「清規の集大成」のような著作を残さなかった。日本に本格的な叢林を創設することを目指していた道元禅師は、総合的にまとめられた清規が必要と考えていたと思われるが、そうした撰述は現在のところ確認されていないのである。『大乗開山義介和尚行状記』（瑩山禅師撰述とされる永平寺三世徹通義介〈一二一九〜一三〇九〉についての伝記）では次のように伝えられている。

> 元和尚先師、浄長老先師の勅命を受けて、本国に帰朝し、叢席を一興せんと欲す。しかのみならず、祖翁栄西僧正の素意なり。然るに叢林微細の清規、禅家諸師の語録、以下一切の聖教、皆な先年興聖寺焼失の時、或は紛失し、或は焼失す。

〔道元禅師は、如浄禅師の勅命を受けて日本へと帰国し、本格的な禅の修行道場を興そうとした。これは栄西僧正が平素より願っていたことでもある。しかしながら、叢林における詳細な清規や、祖師の遺した禅の語録といったたくさんの貴重な聖典が、すべて興聖寺の焼失の際に失われてしまった〕

この伝記によれば、道元禅師の目指した本格的な叢林の創設は、如浄禅師や栄西の意を汲むものであり、「叢林微細の清規、禅家諸師の語録、以下一切の聖教」といった貴重な書籍群が興聖寺の焼失とともに失われたと伝えている。この記録の真偽は定かではないが、歴史上、さまざまな事情によって典籍の紛失があったことは想像に難くない。

ともあれ、道元禅師の清規に関する内容は本書の『赴粥飯法』を含む『永平清規』や、『正法眼蔵』などの著作の中で息付き、現代にまで受け継がれた。しかし、これらは瑩山禅師の世代までは伝承されたものの、それ以降の記録は現在のところ判然としていない。

『永平清規』の「跋文（あとがき）」によれば、ここに収録された漢文体の清規は永平寺に死蔵されていた書物類の中から偶然発見されたものであったという。この発見について、編者の光紹は「夜光の珠を得るが如し（暗闇を照らす宝玉を得たようだ）」と振り返っており、当時すでに見聞すら出来なくなっていた諸清規に出会えた喜びを綴っている。これらの清規は元来単独で成立したとされるが、光紹が見出したとされる写本は残念ながら現存していない。これ以前の写本としては、文亀二（一五〇二）年に永平寺一五世である光周（一四三四～？）によって書写された『知事清規』と、同年に某僧によって書写された『典座教訓』（以下、文亀本）が知られている。

『永平清規』には、本書『赴粥飯法』のほかに『典座教訓』『弁道法』『衆寮箴規』『対大己五夏闍梨法』『知事清規』が収録されている。これら五篇を簡単に紹介しておこう。

『典座教訓』――「典座」を務める者の心得

『赴粥飯法』に並んで知られるのが『典座教訓』であろう。両者はともに叢林の食についての清規であるが、近代以降、茶道や栄養学といった食事に関係する分野からの要請もあり、しばしば併せて刊行された。

『典座教訓』では、叢林の食を司る「典座」の職務が単なる雑務ではなく仏事であることと、これを仏道として遂行するための心構えが具体的に説きあらわされている。

同書の前半部では、職務の用心とともに典座の日課について、昼食が終わった後の午後が始点となって示される。流れを簡略に紹介すると、昼食を食べ終わった後、典座は他の役職を務める人たちとともに打ち合わせを行う。ここで、翌日の食事の材料や僧堂の人数などを確認し、献立を決めて修行僧たちに告知する。その後、お米の研ぎ方や食器の扱い方などの諸注意を経て、朝食の準備や食事を運ぶ際の儀礼が詳細に語られる。

このような「典座の一日」が紹介された後、後半では典座の重要性が、若き日の道元禅師の体験によって説示される。道元禅師はここで自身の鮮烈な経験を語り、この検証を通じて修行者が保持すべき心構えを懇切に説くのである。

『典座教訓』の最後には、喜心・老心・大心(だいしん)の三種の心が説かれる。喜心とは、字句の通り喜ぶ心を意味するが、ここでは特に、修行僧への供養を喜ぶ心を指す。叢林で修行する僧侶への供養が仏・法・僧の三宝(さんぼう)との縁につながり、この良縁を喜ぶ心をあらわしている。老心は、父母が我が子を慈しむ心のことを指し、水や食材に対してもこの心を向けることが示される。大心は、山や海のように偏りや隔たりのない大いなる心をいう。この心をもった高徳の僧や祖師たちが自在にさとりの境地を示し、修行僧や弟子たちを導いたことが示される。そして末尾においては、この三種の心は典座のみならず、住職を始めとする叢林の全ての人たちが忘れてはならない大切な心であることが強調される。

『弁道法』——修行僧の日々の作法

『弁道法』は叢林における日々の行持を示すもので、特に僧堂での作法が詳細に記されている。同書は、黄昏坐禅（夜に行われる坐禅）に始まり、開枕（就寝）、睡臥法（眠る時の姿勢）、起床、洗面、布団の畳み方など、僧堂において修行僧が則るべき作法が詳説される。

『弁道法』もまた本書『赴粥飯法』と同じく中世の写本が見られず、最も古い史料が『永平清規』に収録されるものである。この冒頭および本文には、「大仏寺」の記述が確認される。これは現在の「永平寺」の前称であり、これを手掛かりにすれば『弁道法』の撰述は『赴粥飯法』より古い、寛元二～四（一二四四～一二四六）年の期間に限定される。

同期間に撰述された著作としては、本書『赴粥飯法』に加え、『対大己五夏闍梨法』や『知事清規』がある。他にも『正法眼蔵』「安居」巻や『永平寺示庫院文』があり、この時期には清規に関する撰述が立て続けに行われていることが確認される（略年表参照）。このことから、大仏寺（永平寺）における安居生活の基準を制定する一環であったとも考えられている。[*18]

『衆寮箴規』——衆寮で注意するべき規則

正確には『吉祥山永平寺衆寮箴規』と題される。「衆寮」とは、叢林に設けられる施設の一つで、修行僧が看経（経典や語録などを黙読すること）や行茶（お茶をいただく儀礼）を行う場所を指す。「箴」は「誡め」の意味である。

この書では、衆寮における修行僧たちを誡める規則が二八項目に及んで列挙されており、この全てが古仏から伝わる規範であると示される。

『対大己五夏闍梨法』——目上の者に対する作法や心得

寛元二（一二四四）年、越前吉峰寺において撰述され、『対大己法』とも略称される。「大己」とは目上の人のことを指す。叢林では、年功序列ではなく僧侶として仏門に身を投じてからの年数（戒臘・法臘）が重視される。ここでいう「大己」もまた、その年数にしたがって判断される人物を指し、「大己五夏」は、自分よりも戒臘の年数が五歳以上長じている大僧のことである。また「闍梨」は阿闍梨の略称で、規範を示して弟子に教授する立場の高僧を指す。

『対大己法』では、目上の大僧・高僧に対する作法や心得が六二条にわたって撰述される。これらは唐の南山道宣（五九六〜六六七）撰述の『教誡新学比丘行護律儀』（『教誡律儀』とも）からの抜粋によって構成されているが、その全てが引用によるものではなく、道元禅師による整理と編集の跡が随所に見られる。[*19]

なお、中世の古写本や『永平清規』では、前述の『衆寮箴規』に附される形で構成されており、後世に開版された際に独立した一篇として編集された。また、道元禅師の真筆とされる断簡が伝存し、『道元禅師真蹟関係資料集』（大修館書店、一九四〇）に収載されている。

『知事清規』――叢林における職務の意義

正確には『日本国越前永平寺知事清規』と題され、寛元四（一二四六）年六月一五日に永平寺で撰述された。『永平広録』一七七上堂（巻二所収）「改大仏寺称永平寺上堂（大仏寺を改め永平寺と称する上堂）」によれば、『知事清規』の撰述と永平寺の改称が同日であったとされる。時機と内容から、同書の撰述は叢林としての永平寺を知事制度によって運営する意図があったとも推測されている。最古の写本には、前述した永平寺一五世光周によるものが伝存する。これは現在永平寺に所蔵されるもので、光周が霊梅院（永平寺境内にあった塔頭寺院）にて書き写したとされる。

前半部では、寺院運営を司る知事を勤めた高僧や祖師の事例が紹介され、要所に註解や評説を加えながら、その意義が示されている。後半部では、典座の他に監院・維那などの基本的な職務が紹介される。これは『禅苑清規』「知事」の項からの引用であり、その内容を基にそれぞれの職務の意義やあり方が説かれている。

道元禅師と『禅苑清規』

現存最古の中国の清規である『禅苑清規』には、中国における叢林の様々な規矩や規範が網羅されている。入宋した道元禅師もまたこの清規を学び、帰国後は諸種の説示や撰述の中で、この清規の内容を繰り返し用いた。

道元禅師の清規に関する撰述は、多くの経典や律蔵を基調とするが、ここでは『禅苑清規』からの引用について見てみよう。

例えば、『禅苑清規』巻一には、「受戒・護戒・弁道具・装包・旦過・掛搭・赴粥飯・赴茶湯・請因縁・入室」といった内容が記されている。同巻は、出家者の基本である戒の伝授とその護持から始まり、僧堂で必要な生活用品とその整理の仕方、また僧堂に入る際の細かい進退作法や食事の方法といった、新参の修行者に向けた基礎が示される。

この箇所の「赴粥飯」が本書『赴粥飯法』の基盤になっていることは先に触れたが、他の撰述にも同巻からの引用が確認される。例を挙げれば、「弁道具・装包」は『正法眼蔵』「袈裟功徳」「伝衣」「鉢盂」巻にて引用され、「旦過・掛搭」についても『正法眼蔵』「洗面」巻や『弁道法』『宝慶記』などで引用が確認されている。[*20]

また『禅苑清規』巻一「受戒・護戒」は、『正法眼蔵』「受戒」巻や『仏祖正伝菩薩戒作法』『教授戒文』に引用されている。

中国において清規が登場した状況を踏まえると、本来、戒と清規は切り離して考えるべきではない。従来、「清規に別立して戒法があるのではなく、元来、戒は清規に吸収し尽くされているべきもの」[*21]と指摘されるように、戒と清規が別系列になったのは後代のことであった。中国にて如浄禅師より仏祖正伝菩薩戒を授けられた道元禅師にとっても、叢林で実践する清規と戒は、そのまま仏法を具体的に実現するものだったのである。

他にも、道元禅師の著述には『禅苑清規』からの引用が多く確認されるが、なぜ道元禅師はこれほどまで『禅苑清規』を重要視したのであろうか。

古来より百丈懐海の古意を残すものとして伝えられた『禅苑清規』は、禅宗において尊重されていた。道元禅師もまた同書を引用しながら、しばしば「百丈に曰く」や「百丈の規縄を守るべし」などと語る。例えば『普勧坐禅儀撰述由来』には次のように記されている。

禅苑清規に嘗て坐禅儀あり。百丈の古意に順ずといえども、少しく賾師の新条を添う。所以に、略にして多端の錯あり、広にして味没の失あり。

〔『禅苑清規』には以前から「坐禅儀（坐禅に関する規則）」がある。そこには百丈禅師から伝わる本来の趣旨が残されているものの、賾師（『禅苑清規』の編者、長蘆宗賾）によって新たに付け加えられた内容もある。それゆえに、概略として見るには多方面にわたって錯りがあり、詳細がはっきりしないという欠点がある〕

これは、道元禅師が宋より帰国してすぐに著した『普勧坐禅儀』が、どのような経緯で撰述されるに到ったのかを記した書物である。『禅苑清規』の中に百丈から伝わる坐禅の儀則が残されているものの、編者である宗賾の思想が混入するため、古意を読み解くのが難しいと記されている。

こうした表現からは、百丈への憧憬の念が感じられるとともに、だからこそ『禅苑清規』を通じてその古意に迫ろうとする姿勢が見て取れよう。道元禅師は、時としてその内容に批判を加えながらも、仏祖の行履を伝える無二の規範として『禅苑清規』を信頼するのである。

「清規の集大成」は存在したのか

さて、道元禅師によって編纂された「清規の集大成」が確認できないこと、また興聖寺の焼失によって貴重な史料群が失われたことは先述した。一方で、仏教学者の小坂機融氏は、道元禅師の「清規」という語句の使い方から考えれば、「清規の集大成」を作る意思はなかったと指摘している。*22

道元禅師の著作の中で、題号に「清規（箴規）」と付されるものは、わずか二本（『衆寮箴規』と『知事清規』）しか確認できない。また、語法を見ても「清規に云く」とのみ記しながら『禅苑清規』から全て引用している箇所もある。小坂氏はこれらの事例を踏まえ、道元禅師の清規に関する撰述は、「常に本基としての『禅苑清規』が背後にあって、或る時はこれを祖述する形で、或る時はそれを自己の実際の見聞を通して補完する形で」書かれたとする。つまり、道元禅師にとっての清規とは百丈の古意を伝えるとされた『禅苑清規』であり、これを否定して全く別の清規を制定するような意図はなかったとされるのである。

これを踏まえれば、『禅苑清規』に則った上で、さらなる修行のあり方や禅の精神を構築しようとした姿勢こそが、道元禅師の独自性を支えているともいえよう。道元禅師は、進退や作法といった詳細な規則を列挙するだけでなく、それを実践した先人の姿や心構えを重視し、日常の基礎的な行動を極めて重要な仏道修行にまで高めたのである。

道元禅師が目指したのは、あくまで仏祖の修行のあり方であり、それらを通じて修行者が自らの仏道への姿勢を問い直すことにあった。換言すれば、道元禅師が撰述した清規についての内容は、「清規」という枠組みでは収まりきらないものでもあったといえる。従って、道元禅師の清規は、人々を仏道に導く指針として現代にまで受け継がれているのである。

五、道元禅師と食

典座老師との邂逅

貞応（じようおう）二（一二二三）年、九州博多の港から出港した若き道元禅師は、中国南部の慶（けい）元府（げんふ）（現在の浙江省寧波市（せつこうしようねいは））に到着する。しかしこの時、上陸の許可が得られずに港内で約一ヶ月間の滞在を強いられることになった。その期間中、ある一人の僧侶が道元禅師に出会ったとされる。それが、阿育王山（中国五山第五位の広利禅寺）から買い出しにやってきた老典座であった。

この老典座は、修行僧たちに端午の節句にちなんだ食事を振る舞うために、当時日本船と取引されていた倭椹（干したきのこ。一説にはきくらげや桑の実とも）を求めて港まで食材を買い出しに来た。阿育王山から港までは片道約二〇キロメートルの道のりである。道元禅師は港に着いた老典座に休憩を勧めながら一晩のもてなしを申し出た。これは、「典座の職が一人欠けても叢林に大きな影響はないであろう」と考えた上で、老僧が日の暮れた道を歩いて帰ることを心配しての申し出であった。しかし、老典座は目的の品を買ったらすぐに阿育王山へ戻るという。この返答に大変驚いた道元禅師は『典座教訓』に次のような対話を残している。

私（道元禅師）は、老典座に尋ねた。

「あなたのような高齢な方が、どうして坐禅修行や禅問答の勉強をせずに、煩わしい典座職などで厨房の仕事に精を出されるのでしょう。何か良いことでもあるのですか？」

これを聞いた老典座は大笑いして次のようにいった。

「外国から来た真面目な青年よ、あなたはまだ修行というものを理解しておらず、また、文字というものを知らないようですな」

私はこの返答を聞くやいなや驚いて、次のように尋ねた。

「文字とはどういうものでしょう？　修行とはどういうものなのでしょう？」

老典座は、次のように答えた。

「あなたがご自分で問いかけたところ（坐禅や問答ではなく、なぜ食事の支度に精を出すのか）を見過ごしているから、文字や修行がわかっていない人といっているのです」

私は当時この答えを理解することができなかった。

「もしまだ理解できないのなら、いつか阿育王山に来なさい。ひとつ文字の道理について話し合いましょう」

このように語り終わった老典座は立ち上り、

「もう日が暮れそうだ。急いで帰らないと」といって帰って行った。

坐禅や経典を学ぶことこそが仏道修行の要であると捉えていた若き道元禅師にとって、煩わしい職務に励む老僧の存在は、鮮烈な印象を残すとともにその後の修行観にも大きな影響を与えることとなった。後に道元禅師は、天童山にて老典座と再会し、再び問答の機会に恵まれる。

この一連の対話を振り返った後、道元禅師は「山僧、聊か文字を知り、弁道を了ずるは、乃ち彼の典座の大恩なり〔私が多少なりとも文字を知り、修行というものを理解できたのは、この典座の大恩のおかげである〕」と回顧している。そして、『典座教訓』では、老典座との得難い出会いによって感得した境地を示し、典座職の重要性と仏道修行における心構えを説くのである。

食へのまなざし

『赴粥飯法』と『典座教訓』では食事を受ける（食べる）側と提供する（準備する）側の二つの立場が示されている。いうまでもなく、私たちの生活は毎日の食事によって成り立ち、その営みの繰り返しが日常となっている。その中で、食との向き合い方は「食べる」だけではない。食材の準備や調理、食器や食べる場所の確保、食後の片付けなどといったように、「食べる」という行為の周辺にはさまざまな場面がある。これを踏まえれば、私たちは普段から、食事を受ける側と提供する側という、それぞれの立場を常に行き来しているともいえよう。

これまで見てきたように、道元禅師の食に対する姿勢は、ルールやマナーのような食事作法に終始するものではない。先達の事績を踏襲しながら、日常における食との向き合い方を仏事として示し、これらが仏道の実践であると説き示す。

日々の暮らしそのものに重きを置くのは、禅宗の特徴である。百丈懐海の師である馬祖道一（七〇九～七八八）は、心こそすなわち仏であり（即心是仏）、平常の心こそが仏道である（平常心是道）と説いた。後に叢林における日常の規範として「清規」が登場することを踏まえれば、平常の心が仏道であると説く馬祖の思想は、その弟子である百丈を経て禅宗に大きな影響を与えたといえよう。

道元禅師は『正法眼蔵』「家常」巻にて「仏祖の家常は喫茶喫飯のみなり（仏や祖師の日常とは、お茶を前にしたらただお茶を飲み、食事を前にすればただ食事を行うということ。ただこれだけのことなのだ）」と説く。また「神通」巻においても、「かくのごとくなる神通は、仏家の茶飯なり。諸仏いまに懈倦せざるなり〔仏の特別な力というものは、仏道に根差した日常の生活を指すのだ。仏はみな、この生活を決して怠ることなく勤めてきた〕」と説示する。

叢林における日常とは、「清規」という仏道に根差した規範に基づき、日々の行いが仏事として怠ることなく継続されることにある。それは、ただ単調な生活が繰り返されているだけのように見えるかもしれない。『赴粥飯法』の冒頭では「正しいさとり〔正等覚〕」が次のように示される。

正等覚は本末究竟等なり
〔正しいさとり（正等覚）とは、さとった人の目からは全てが真実に見える景色も、貴賤・優劣などといった世俗的な価値判断によって見える景色も、その本質は同じと見極めること（本末究竟等）なのである〕

「正しいさとり（正等覚）」の視点から見える景色も、平凡な日常の視点から見える景色も、その本質に違いはない。むしろ、当たり前のように見える日常こそが、仏法の真理と一体のものであると確信し、これを仏事として自覚して怠ることなく過ごすこと。この営みを継続して繰り返すことによって、初めて仏道修行として成立するのである。だからこそ道元禅師は「法は是れ食、食は是れ法なり〈仏教の真実は食であり、食は仏教の真実である〉」と示し、日常の基礎的な行為である「食」が、極めて重要な仏道修行であることを強調する。私たちが幾度となく繰り返す「食」は日常に通底するものであり、仏法に目覚めた人たちもまた、平常の中にある大事として決して「食」を軽んじることはなかったのである。

注

＊1　石井修道監修・曹洞宗総合研究センター宗学研究部門編「共同研究『永平元禅師清規』「赴粥飯法」の出典研究」『宗学研究紀要』二三、二〇〇九、一二一～一六二頁。

＊2　『永平広録』巻二、一七七上堂、『道元禅師全集』三、春秋社、一九八八、一一六頁。

＊3　秋津秀彰「道元禅師以降の『典座教訓』の伝播と受容―中世・瑩山禅師より近代・戦前期にかけて―」『曹洞宗総合研究センター学術大会紀要』二一、二〇二

〇、二二～三二頁。

＊4　佐々木閑『出家とはなにか』大蔵出版、一九九九、一二六頁。

＊5　前掲注4、一九頁。

＊6　清水洋平「原始仏教の植物観　パーリ律蔵・経蔵から窺えること」『大谷學報』八五－四、二〇〇六、一九～三七頁。

＊7　道端良秀『中国仏教社会経済史の研究』平楽寺書店、一九八三、三〇～一一五頁。

＊8　伊吹敦『禅の歴史』法蔵館、二〇〇一、八頁。

＊9　伊吹敦「「戒律」から「清規」へ―北宗の禪律一致とその克服としての清規の誕生―」『日本仏教学会年報』七四、二〇〇八、八二頁。

＊10　石井修道「百丈清規の研究―「禅門規式」と『百丈古清規』―」『駒澤大学禪研究所年報』六、一九九五、四六・五三頁。

＊11　『景徳伝灯録』巻六「禅門規式」、『大正蔵』五一、二五一頁上。

＊12　『正法眼蔵』「行持上」巻、『正法眼蔵』上、曹洞宗宗務庁、二〇二〇、四一二～四一三頁。『天聖広灯録』巻八「百丈懐海」、『新纂大日本続蔵経』七八、国書刊行会、一九八七、四五一頁下。

＊13　佐々木閑「典座に関する一考察」『禅文化研究所紀要』一九、一九九三、五九

〜七六頁。

＊14　前掲注11。

＊15　『景徳伝灯録』巻一六「雪峯義存禅師章」、『大正蔵』五一、三二六頁上。

＊16　鏡島元隆・佐藤達玄・小坂機融『訳註禅苑清規』曹洞宗宗務庁、一九七二、一一七頁。

＊17　小早川浩大「中国における典座の成立について」『曹洞宗総合研究センター学術大会紀要』二一、二〇二〇、七頁。

＊18　石井修道監修・曹洞宗総合研究センター宗学研究部門編「共同研究『弁道法』の註釈的研究（二）」『宗学研究紀要』三四、二〇二一、一三六頁。

＊19　石井修道監修・曹洞宗総合研究センター宗学研究部門編「共同研究『対大己五夏闍梨法』の出典研究」『宗学研究紀要』二〇、二〇〇七、一五三頁。

＊20　小坂機融「永平清規」『講座道元三　道元の著作』春秋社、一九八〇、一三一頁。

＊21　前掲注20、一三〇頁。

＊22　前掲注20、一二七頁。

道元禅師の生涯

道元禅師の生涯に関する文献

道元禅師は、自らの来歴について多くを語ることはなく、自伝的資料は断片的に存在するのみである。例えば『典座教訓』には、中国（南宋）にて典座とのやりとりがあったことが記録されており、『正法眼蔵』「嗣書」巻では中国で嗣書（釈尊から伝わる教えを師匠から嗣いだ証）を閲覧した際の話が語られている。

また、弟子の懐奘（一一九八～一二八〇）が興聖寺にて道元禅師の教えを記録した『正法眼蔵随聞記』がある。ここにも伝記的な記述が見られるが、断片的なものであって道元禅師の生涯を包括するものではない。

そのため、後世にまとめられた伝記資料を参照する必要がある。主たるものとしては『伝光録』『三祖行業記』『建撕記』が挙げられる。『伝光録』は瑩山禅師（一二六四～一三二五）による著述とされる。瑩山禅師は道元禅師から懐奘、そして義介（一二一九～一三〇九）の後、道元禅師下三代目の弟子に当たる。この『伝光録』は釈尊から道元禅師・懐奘を経て、自身の師である義介まで正法が伝わってきた経緯を説いた文献である。瑩山禅師が一三〇〇年に開始した請益（説示）を記録して成立したものであるが、写本（手書きで写された文献）が確認できるのは一五世紀まで待たなくてはならない。そのため、古い伝記の部類ではありつつ、最古であるかは断定ができない。

『三祖行業記』は永平寺の開山道元禅師、二世懐奘、三世義介の三師の参学や悟道について述べたものである。応永年間（一三九四～一四二八）の写本が存在したという記録がある。『伝光録』は懐奘伝までしか掲載されておらず、義介を含む伝記としては、この『三祖行業記』が最古のものとなる。類似の文献として『三大尊行状記』がある。

『建撕記』は永平寺一四世の建撕（一四一五～一四七四頃）によって編集されたものであり、晩年の道元禅師の様子についても詳しく記載されている。また江戸時代に面山瑞方（一六八三～一七六九）によって考訂された『訂補建撕記』が存在する。しかし、これは元々の道元禅師の伝記に後代の逸話などを付加して成立したものであることに注意しなくてはならない。これは後代に成立した伝記資料一般にも通用する話でもある。

なお、本略伝は基本的に『伝光録』による。引用は特に断りがない場合は『伝光録』であり、他の文献から引用する際には出典を記載する。使用する『伝光録』は基本的に宗務庁版『伝光録』（二〇〇五）によるが、便宜上適宜送り仮名や訓点を補った。

誕生、母との死別、出家

正治（しょうじ）二（一二〇〇）年、現在の京都に生を受けた道元禅師は、とても賢い子どもであったことが伝えられ、四歳で『李嶠雑詠（りきょうざつえい）』を読んだとされる。これは唐代の詩人である李嶠（りきょう）（六四五？〜七一四？）による編で、一二〇首の漢詩が収められているものである。この書は当時の貴族における読み書きの入門書だったようだ。

さらに、七歳には「周詩一篇を慈父の閣下に献」じたという。「周詩」とは今日にいう『詩経』のことであり、中国最古の詩の総集である。これを父の膝元（ひざもと）に捧（ささ）げるというエピソードから、幼い頃から道元禅師が教養に満ちた生活を営んでいたことが示唆される。道元禅師の父は源通具（一一七〇~一二二七）で、祖父が源通親（一一四九~一二〇二）である。

さて、古くから聖人や偉人は何らかの特徴を備えているという話が多い。その一つが「重瞳」であり、字のごとく、一つの眼に瞳が二つあるというものである。孔子（前五五二？~前四七九）の弟子である顔回（前五二一~前四九〇？）や、『高僧伝』に語られる僧侶の中にも同じ特徴を持っていた人物がおり、道元禅師もまたこの特徴を備えて生を受けた。聖人としての特徴をもって生まれることは親にとっても好ましいことと思われるが、古より聖子の母親は命が長くないとされ、道元禅師が七歳の時に母親は命を終えるだろうと予言されていた。

その予言の翌年である建永二（一二〇七）年、母親が亡くなった。道元禅師が八歳の時であった。予言よりも一年遅かったが、幼くしての死別という点では変わらぬ悲劇であった。この様子について「悲母の喪に逢いて哀歎尤も深し〔慈悲深い母との死別に逢って、悲しみが本当に深い〕」と記されている。母は高雄の神護寺（現在の京都市右京区）にて荼毘に付されたという。この時の黒煙を見て世がいかに無常かをさとり、道元禅師は仏道への志を立てたのである。

生来利発であった道元禅師は、九歳になると『倶舎論』（説一切有部の『大毘婆沙論』の綱要書）を読んだとされる。『倶舎論』は世親（生没年不詳）によって作られた、仏教の思想を体系的にまとめた論書（仏の教えの解釈書）である。この書は非常に難解で、理解するには八年の歳月が必要であるともいわれている。もっとも、ここでの「読む」という行為は、口に出して読む（素読）ことを指すため、現在我々が行う黙読とは異なることに注意が必要である。

それでもこの歳で『倶舎論』を読むということは大変なことで、道元禅師は「利なること文殊の如し（文殊菩薩のように賢い）」と称えられた。なお、道元禅師の幼名は「文殊丸」とされることもあるが、古い伝記には見られない。おそらくは『倶舎論』を読み称えられたこの出来事が、後に転じて「文殊丸」という呼称につながったと考えられる。

仏道の歩みを進める道元禅師であったが、同時に周囲からは世俗での出世を期待されていた。それは松殿禅定尊閤、藤原基房（一一四五～一二三〇）の養子となったことによる。藤原基房は「摂関家の識者」と言われ、朝廷でも重用されていた人物であった。基房は同じく道元禅師を朝廷に仕える身として育てようとしたのだが、道元禅師は一三歳の夜に木幡の山荘（基房の家）を忍び出でて出家の道を進むこととなった。

当時の一三歳は現代よりも重い意味を持っていた。すなわち、元服の歳である。一説には、基房の養子になった時点で政界に披露され、元服すれば直ちに五位に叙せられ、妻となるべき人も決まっていたともいわれる。源氏の血を引き、藤原氏の養子であることは要職に就く上では申し分なかったであろう。しかし、そうした世俗の王道を歩むことを、道元禅師は潔しとしなかった。

基房の木幡の山荘を飛び出した道元禅師には頼るべき人がいた。良顕法眼（生没年不詳、法眼は僧位）である。良顕は母方のおじであり、比叡山の麓で活躍していた僧侶であった。出家を求める道元に対し、良顕は「元服の期近し。親父・猶父定めて瞋りあらんか如何〔元服が近く、実の父と育父、二人の父親はきっとお怒りにならないのだろうか。どうなのか〕」と聞いたという。これに対して道元禅師は次のように答えた。

悲母逝去の時、嘱して曰く、汝、出家学道せよと。
我も又是の如く思う。徒に塵俗に交らんと思はず。但出家せんと願う。

悲母及び祖母・姨母等の恩を報ぜんが為に出家せんと思う。

〔母が亡くなる時、「出家して仏の道を修めなさい」と私に託しておっしゃいました。

私もそのように思います。むなしく世俗に関わろうとは思いません。ただ出家したいのです。

母、祖母、おば達の恩に報いるために出家したいと思うのです〕

そして、これを聞いた良顕は涙を流して道元の出家を許したという。

比叡山での参学から明全の下へ

道元禅師が修行をしたのは比叡山の中、横川の千光坊と呼ばれるところであった。

そして建保元（一二一三）年、一四歳の時の四月九日に天台座主公円（一一六八～一二三五）の下で剃髪し、翌一〇日に延暦寺の戒壇院にて菩薩戒を受け、正式に僧侶となった。

道元禅師は比叡山に入った後、天台の教学を学んだり密教に触れたりしながら仏道に精励し、修行中に一切経を一遍（伝記によっては二遍）読んだという。そして三井寺の公胤（一一四五～一二一六）に「宗の大事」を問うたという。この疑問は、『三祖行業記』などによると「『本来本法性　天然自性身（我々は本より法性を持ち、生まれながらにして自性の身である）』と言われているのであるが、どうして修行をしなければならないのか」ということであった。

『伝光録』によれば、公胤はこの質問に対して、建仁寺の開山である栄西（一一四一～一二一五）の下に行き、さらに当時の中国（宋）に行くようにとの助言を授けたという。そうして一八歳になった道元禅師は修行の場を比叡山から建仁寺に移すことになった。

栄西の下での修行を勧められた道元禅師に親しく教えを授けたのは、栄西の弟子である明全（一一八四～一二二五）であった。それから月日が経ち、道元禅師は二四歳で明全にしたがって宋に旅立つこととなった。その際の逸話が『正法眼蔵随聞記』（巻六）に残されている。その概要は次のとおりである。

旅立ちの直前、明全の師である明融和尚が明全に看取ってもらいたいといい、明全とその弟子たちが集まった。どうするべきかを弟子たちに意見を聞いていったところ、弟子の多くは明融を看取ってからの入宋を勧めた。

これに対して末席にいた道元は「仏法のさとりが今のままでいいとお考えになるのなら、入宋を延期して、日本にお留まりになっていいでしょう」と答えた。

それに対して明全は、「結局、今留まったとしても臨終を迎える師の苦しみがなくなるわけではない。入宋して少しでもさとりに近づくことができれば多くの人の得道の縁になるし、それこそ師の本懐であろう」と考え直し、明融の示寂を待たずに入宋することを決意することとなった。

入宋

貞応二（一二二三）年、道元禅師は宋の明州（現在の浙江省寧波市）に無事到着した。しかし、すぐに上陸して参学の旅に出ることがかなわず、しばらく船で待機しなくてはならなかった。その間に出会ったのがある年老いた典座（僧堂で調理をする役職ないし典座の職についている人）である。道元禅師はこの典座に対して供養を申し出たが、自分の修行している寺（阿育王山）にすぐに戻らなければならないとして断られた。

この時、道元禅師は典座の職を雑務と侮っていたのであり、それを老典座に見抜かれ、たしなめられる。後にこの典座とは阿育王山ではなく、天童山で再会することとなった。この典座は夏安居（三ヶ月の修行期間）が終わったため典座の職を引退して故郷に帰る道中、天童山に道元がいると聞いてわざわざ会いに来てくれたのであった。そこで道元禅師は、老典座と問答を交わし、仏道修行の何たるかを親しく教わったのである。

道元禅師が宋に入って直面したとされるのが「新到列位問題」である。これが実際にあったか否かについては、現在否定的な見解が強くなっている。しかし、『三祖行業記』等の伝記に記されていることでもあるため、ここで簡単に触れておく。

寺院では原則として、修行僧は戒を受けてからの年月により、その席次が決まる。しかし、道元禅師は宋の天童山景徳寺に掛錫した際に新到、つまり修行一年目の扱いを受けたのである。道元禅師が戒を受けたのは一四歳の時であったから、この時にはすでに一〇年近い歳月が経っていたが、異国から来た僧侶は新到に列せられた。こうした状況は、空海（七七四〜八三五）や最澄（七六七〜八二二）などの頃からの通例であったようだ。これに対して道元禅師は三度の「上表文」にて異議を唱えた。最初は政府が管理する五つの寺院（五山）の評議にかけられ、さらには皇帝に上奏してようやく本来の席次を獲得することになった。これが問題の全容である。

さて、道元禅師は最初、天童山に身を寄せることとなった。その時の住職は無際了派（一一四九〜一二二四）であったが、焼香礼拝するのみで了派を師とすることなく、他の寺院を尋ね、正師を求めることとした。

道中、さまざまな禅の長老たちと問答を交わしたが、どれも心にかなうことはなかった。その中、道元禅師は「大我慢」を生じたとされる。「我慢」とは一般にいうような「耐え忍ぶこと」ではなく、「傲ること」「慢心を起こすこと」を指す。「日本にも宋にも、自分に勝るものはいないのでは」という思いが自らの心に湧き出たというのである。

天童如浄の元での参学

そうした思いは、天童如浄禅師（一一六二〜一二二七）との出会いによって打ち砕かれる。如浄禅師のことを道元禅師は諸方遍歴の中で聞き及んでいた。道中に出会った僧侶からは、如浄禅師に会えば必ず得るところがあるといわれていたのだが、参じる機会を作ることができなかった。そうして帰国も考えていた折、天童山の無際了派が亡くなり、その後、如浄禅師が住職に就任した。千載一遇の好機に恵まれ、相見がかなったのであった。

宝慶元（一二二五）年、如浄禅師の夏安居に参加した後、道元禅師は如浄禅師に書簡を送り、教えをそばで直接聞かせてもらいたいと願い出る。如浄禅師は異国人からのその申し出を快く受け入れ、道元禅師の疑問に真摯に応対し、自身が重視している修行の心得や実践を示した。道元禅師はこのやりとりを記録し、没後に発見されて『宝慶記』としてまとめられることになる。

如浄禅師の下での参学（師の下で学ぶこと）を続けていくうちに、道元禅師は侍者、つまり付き人になるように頼まれたが、「異国の人間であるのに畏れ多い」といってそれを断ったという。道元禅師がいかに信頼されていたか、その一端を窺い知ることのできる逸話である。

如浄禅師の下で道元禅師がさとりを開いたとされるやりとりがある。

ある時、まだ日が昇らない早朝の坐禅の際、坐りながら眠っている修行僧がいた。

如浄禅師はその僧侶を叱りつけ、

「坐禅は身心脱落である。焼香・礼拝・念仏・修懺・看経を必要としない。只管（ただ）に打坐（坐禅）するだけでよろしい。眠りを貪っていてどうするか」といった。

道元禅師はこれを聞き、たちまちに大悟して坐禅の後に如浄禅師の部屋（方丈）に参じて、焼香礼拝した後、次のようなやりとりをした。

如浄「どうして焼香したのか」

道元「身心脱落しました」

如浄「身心脱落、脱落身心」

道元「これは一時の技倆（てなみ）であって、みだりに自分を認めないでください」

如浄「自分はみだりに人を認めない」

道元「みだりに人を認めないとはどういうことですか」

如浄「脱落脱落」

「参禅は身心脱落」という語を聞いて道元禅師は大いに得るところがあり、それは師である如浄禅師からも認められるものであった。しかし、このやりとりは「叱咤時脱落」説とも呼ばれ、逸話として大変有名なものであるが、これは道元禅師の否定する「迷いを転じて悟りを開く」ことを強調する内容であることから、このやりとりの存在自体を疑問視する意見も多く呈されている。道元禅師の主張は、「公案話頭を見て聊か知覚あるやうなりとも、其れは仏祖の道にとほざかる因縁なり。無所得、無所悟にして端坐して時を移さば、即ち祖道なるべし」（『随聞記』巻六）である。特にこの話が記載されている『如浄禅師続語録』の説は後世の仮託とされている。

如浄禅師は「君は後生（自分よりも年下）ではあるけれども、たいへん古の（道を得た）人の風貌がある。山深い地にて修行の身を養っていきなさい。必ず仏の境地を得ることができるだろう」と示された。そうして道元禅師は帰国することとなったのである。

如浄禅師は道元禅師が帰国した後の嘉禄三（一二二七）年七月一七日に亡くなった。前住の無際了派が亡くなり、その後に短い期間住職を務めた如浄禅師の下で道元禅師が親しくその教えを受けることができたのは、得がたい機縁であったという他ない。

帰国、雲遊萍寄、興聖寺

嘉禄三年、日本に帰国した道元禅師は、入宋前の修行地であった建仁寺に再び滞在した。道元禅師は、ここで将来弟子となる懐奘と相見することとなる。二人は仏教の教義やさとりの境地に関するやりとりをしたものと思われる。『伝光録』「懐奘章」によると、懐奘は初めのうちは自身の得心したものと道元禅師の所説が同じであることを喜んでいた。しかし、日数を重ねると、道元禅師の見識との隔たりを感じるようになり、参学する思いを固めたという。

道元禅師は建仁寺を離れ、自身の寺院を建立する場所を求めて雲遊萍寄（うんゆうひょうき）（特定の場所に留まらずに遍歴すること）した。そうして十数箇所、修行道場を建てるのに適した場所を探し歩いた。その間に著されたのが『弁道話』である。これは坐禅を中心にした修行の正統性を説くものであり、後には『正法眼蔵』の中に含められることにもなった。当時の深草（ふかくさ）（現在の京都市伏見区）に所在していた安養院で執筆したといわれている。

天福元（一二三三）年、道元禅師は深草極楽寺の旧跡に観音導利院を建立することとなり、これが後に興聖寺となる。現在の興聖寺は洛外の宇治に再興されたものであるが、元の興聖寺は洛中にあったとされる。ここで日本最初の夏安居が行われた。さらに、『正法眼蔵』「摩訶般若波羅蜜」巻の示衆（修行僧に教えを示すこと）が行われた。翌年には懐奘が正式に道元禅師の下での参学を始め、『正法眼蔵随聞記』の筆録が始まった。さらに嘉禎元（一二三五）年には道元禅師が古来の公案を集めた、漢文による『真字正法眼蔵』の執筆が行われた。

また、この頃僧堂における規矩や心得についての著述も盛んに著された。『学道用心集』や『典座教訓』などである。嘉禎二（一二三六）年には興聖寺の僧堂が開堂し、懐奘が首座に任ぜられ、秉払（住職に代わって説法すること）も行われた。現在でも首座は修行道場の中にあって修行者を率いるリーダー的存在であるが、本来住職が持つべき払子を与えられているということが当時の特徴であるといえるかもしれない。

仁治二（一二四一）年には懐鑑（?～一二五一頃）を中心とする多武峰（現在の奈良県桜井市）の達磨宗が合流し、興聖寺は五〇人をこえる修行道場となっていった。道元禅師が嗣法を許した弟子には懐奘の他に、『正法眼蔵聞書』という『正法眼蔵』の最初の註釈書を著した詮慧（生没年不詳）がおり、もう一人僧海（一二一六～一二四二）という弟子もいた。僧海は将来を嘱望されていたが、若くして亡くなってしまった。道元禅師が僧海への供養として行った上堂（法堂での公式な説法）の記録が残されている。

亡僧僧海首座の為の上堂。
彼の終焉の頌を挙するに曰く、
「二十七年、古債、未だ転ぜず。虚空を踏翻して、投獄すること箭の如し」と。
師、挙し了って云く、
夜来、僧海枯れぬ。雲水幾くか嗚呼す。
徹底、汝、見ゆと雖も、胸に満る涙、湖を鎖す。昨に一払を拈じて魂魄を打つ。
一語、臨行して蘇を待たず、と。
（亡僧、僧海首座のための上堂。
僧海の辞世の偈をつぎのように道元禅師が取り挙げておっしゃった。
「二十七年という生涯で、過去世ほど古くからの借りはまだ償えていない。

虚空をけとばし、地獄に身を投げ入れることの速さは矢のように速い」

師道元はこれを挙げ終わっておっしゃった。

「昨夜、僧海は死んでしまった。修行僧たちはどれほど嘆き悲しんだことか。湖の水にもぐってあなたに会いたいと思っても、胸に満ちる涙が湖を鎖してしまう。昨夜、払子をひと振りしてあなたの魂を慰めたが、一語に臨んであなたを蘇（よみがえ）らせるすべはない」

（『永平広録』巻一、一一一上堂）

「胸に満ちる涙が湖を鎖す」という表現から、道元禅師がいかに僧海のことを大事に想っていたかが伝わってくる。厳格な修行者としての印象が強い道元禅師であるが、愛弟子（まなでし）のことを想う情の深い人格を持ち合わせていたのである。

興聖寺には多くの修行者が集い発展していったが、寛元（かんげん）元（一二四三）年、道元禅師の僧団は京都を去ることとなった。詳しいいきさつは諸説ある。比叡山からの圧力であるとか、そもそも興聖寺の地が如浄禅師から示されたような「深山幽谷」ではなかったためともいわれている。

入越～永平寺（大仏寺）建立、そして入寂

道元禅師が次の拠点としたのは越前（現在の福井県）である。これは檀越である武士の波多野義重（？～一二五八）が自身の所有する土地を寄進したことによる。入越以降の活動は『伝光録』には記されていないが、著作の成立年や他の伝記等によって、その活動の様子をうかがうことができる。

越前へと活動拠点を移した道元禅師は、まずは吉峰寺と禅師峰にて冬を越している。その滞在場所は『正法眼蔵』各巻の奥書によって知ることができる。

寛元元（一二四三）年の閏七月一日に吉峰寺で「三界唯心」巻が説示され、一一月一七日には禅師峰にて「眼睛」「家常」巻、同月二五日に同所にて「龍吟」巻が説示されている。中には「越宇山奥」とだけ示されているものがある。

越前に入って一年が経った寛元二（一二四四）年、傘松峰大仏寺が建立された。『赴粥飯法』が撰述されたのは、この大仏寺においてである。また、大仏寺建立以降の特徴としては、『正法眼蔵』としての著述が減る一方、上堂は欠かさず継続されたことである。これらの上堂は既に引用した通り、興聖寺時代から続いており、説法の記録

は『永平広録』としてまとめられることとなる。

　大仏寺建立の二年後、寛元四（一二四六）年には永平寺と名を改めることになった。永平寺の「永平」という名前の由来は中国の元号であると考えられている。後漢の明帝（めいてい）の代、永平（えいへい）一〇（六七）年に仏教が中国に正式に伝来したとされる。釈尊から代々伝わる仏教、仏法が中国に到り、そこから仏教の教えが中国に広がっていった。それと同じように永平寺こそが釈尊以来の正法を保持する日本最初の寺院であり、ここから正伝の仏法が広がっていくという、確固たる自負と意志の表明として命名されたといわれている。

　永平寺への改称と同日に『知事清規（ちじしんぎ）』が示された。知事とは僧堂の運営を担う役職の総称であり、永平寺で知事主導による本格的な僧団運営を行っていこうという意志が察せられる。さらに、建長（けんちょう）元（一二四九）年には『衆寮箴規（しゅりょうしんぎ）』を執筆し、この時に現在『永平清規』としてまとめられる諸著作がそろうこととなった。

　永平寺の改称以降、道元禅師が注力したことは、一二巻本『正法眼蔵』と呼ばれる著作群の執筆である。この冒頭には「出家功徳」巻が置かれている。道元禅師が越前に拠点を移してからの特徴は「出家主義」中心であるといわれる。一二巻本『正法眼蔵』は、この思想が基礎にあるといえるであろう。

様々な教えを示し続けた道元禅師は、興聖寺時代から「仏法を聞きたいのであれば、その志を持つ者が自ら来て学ぶべきであり、聞く気がない者を相手に僧侶の側から出向いて話したところで聞き入れまい」と述べていた。

又、或(ある)人すすみて云わく、
仏法興隆の為、関東に下向すべし。
答えて云わく、
不然(しからず)。若(もし)、仏法に志あらば、山川江海を渡(わたり)ても来て可学(まなぶべし)。
其(その)志なからん人に、往向(おもむき)てすすむとも、聞入れん事不定也(なり)。
只(ただ)、我が資縁のため、人を枉惑(おうわく)せん、財宝を貪らん為か。
其れは、身の苦しければ、いかでもありなんと覚(おぼゆ)る也。

〔また、ある人がすすみ出て進言した。
仏の教えを盛んにするために、関東にお出かけになってはいかがでしょう。
道元禅師はお答えになった。

そうではない。もし、仏の教えを求める志があるならば、山や川や海を渡っても、やってきて学ぶがよい。

その志のない人に、わざわざ出向いていって勧めてみても、聞き入れるかどうかはわからない。

ただ、自分が物質的な援助を受けるため、人に勝手なことをいって惑わすのは、財宝を貪るためか。

それは、わが身が苦労するばかりだから、行かなくてもよいだろうと思うのだ」

（『随聞記』巻三―六）

『建撕記』によると、実際は宝治（ほうじ）元（一二四七）年八月三日に道元禅師は一時永平寺を離れ、鎌倉に向かうことになる。これは檀越である波多野義重の求めであった。また、時の執権である北条時頼（一二二七～一二六三）の求めに応じて菩薩戒を授けたともいう。時頼は道元禅師に建長寺の開山となることを望んだとされるが、道元禅師はこれを辞退し、宝治二（一二四八）年三月一三日に永平寺へと帰る。結局建長寺は蘭渓道隆（らんけいどうりゅう）（一二一三～一二七八）を開山とすることとなった。

建長四（一二五二）年は、道元禅師が健康に活動できた最後の歳であった。「建長四年、今夏の比より微疾まします」（『建撕記』）と、道元禅師の体調不良が伝わっている。

翌建長五（一二五三）年一月には『正法眼蔵』の最後の巻である「八大人覚」巻が示された。そして七月一四日に住職を懐奘に譲り、八月に京都に向かい、俗弟子である覚念（生没年不詳）の家にて治療を行った。

中秋（八月一五日）に詠まれたとされる和歌が「道元禅師和歌集」に収められている。「また見んと、思いし時の秋だにも、今夜の月にねられやはする（来年もまた見ることができるだろうと、これまでの気楽に思った秋の名月でさえもが、今宵が見納めだと思う見事な名月に、寝られるであろうか、いやいや眠られない）」。これは辞世の句ともされている。

道元禅師は臨終行儀として『法華経』「如来神力品」の次の一節を唱えながらゆったりと歩き（経行し）、その経文を柱に書きつけたという。

若しは園中に於いても、若しは林中に於いても、若しは樹下に於いても、若しは僧房に於いても、若しは白衣の舎にても、若しは殿堂に在っても、若しは山谷曠野に在っても、是の中に皆応に塔を起つべし。所以はいかん、当に知るべし是の処は即ち是れ道場なり。諸仏此に於いて阿耨多羅三藐三菩提を得、諸仏此に於いて法輪を転じ、諸仏此に於いて般涅槃したもう。

〔たとえそこが遊園であれ、林であれ、木の根元であれ、僧院であれ、在家の家であれ、立派な建物であれ、山や谷であれ、原野であれ、仏を供養する塔を建てるべきである。

なぜなら、これらの所は仏の教えを実践する道場だからである。あらゆる仏はここに無上のさとりを得、ここに教えを説き、ここに涅槃するのである〕

（『建撕記』原漢文）

道元禅師はこの一節の後に「妙法蓮華経庵」と記された。生涯修行道場から離れないことを信条とされていたが、もはや永平寺に帰ることはかなわない。在家信者の家にあっても修行道場に身を置く心持ちであり続けたのであろう。

また、禅僧には入滅に際して「遺偈」と呼ばれる漢詩を遺す慣わしがある。道元禅師の遺偈は次のようなものである。

五十四年　照第一天
打箇𨁝跳　触破大千
咦
渾身無覓　活陥黄泉

五十四年　第一天を照らす
箇の𨁝跳を打して　大千を触破す
咦
渾身に覓むる無く　活きながらに黄泉に陥つ

母親の死から仏の道を志し、中国に正しき師を求め、正伝の仏法を得た。興聖寺、永平寺と修行道場の発展に心を砕き、多くの著作を残した。五四年の生涯は今日からすれば短命かもしれないが、この遺偈からは道元禅師が仏法に生涯を捧げ、そこには後悔が微塵も残っていないことが伝わってくる。

建長五（一二五三）年八月二八日、道元禅師は息を引き取り、遺骸は赤辻（現在の京都市東山区高台寺付近）の小寺にて荼毘に付された。九月一〇日には懐奘が遺骨を永平寺に持ち帰り、永平寺の西側に塔を建てて葬られた。今日そこは承陽殿と名づけられ、道元禅師への懇な供養が絶えることなく行われている。

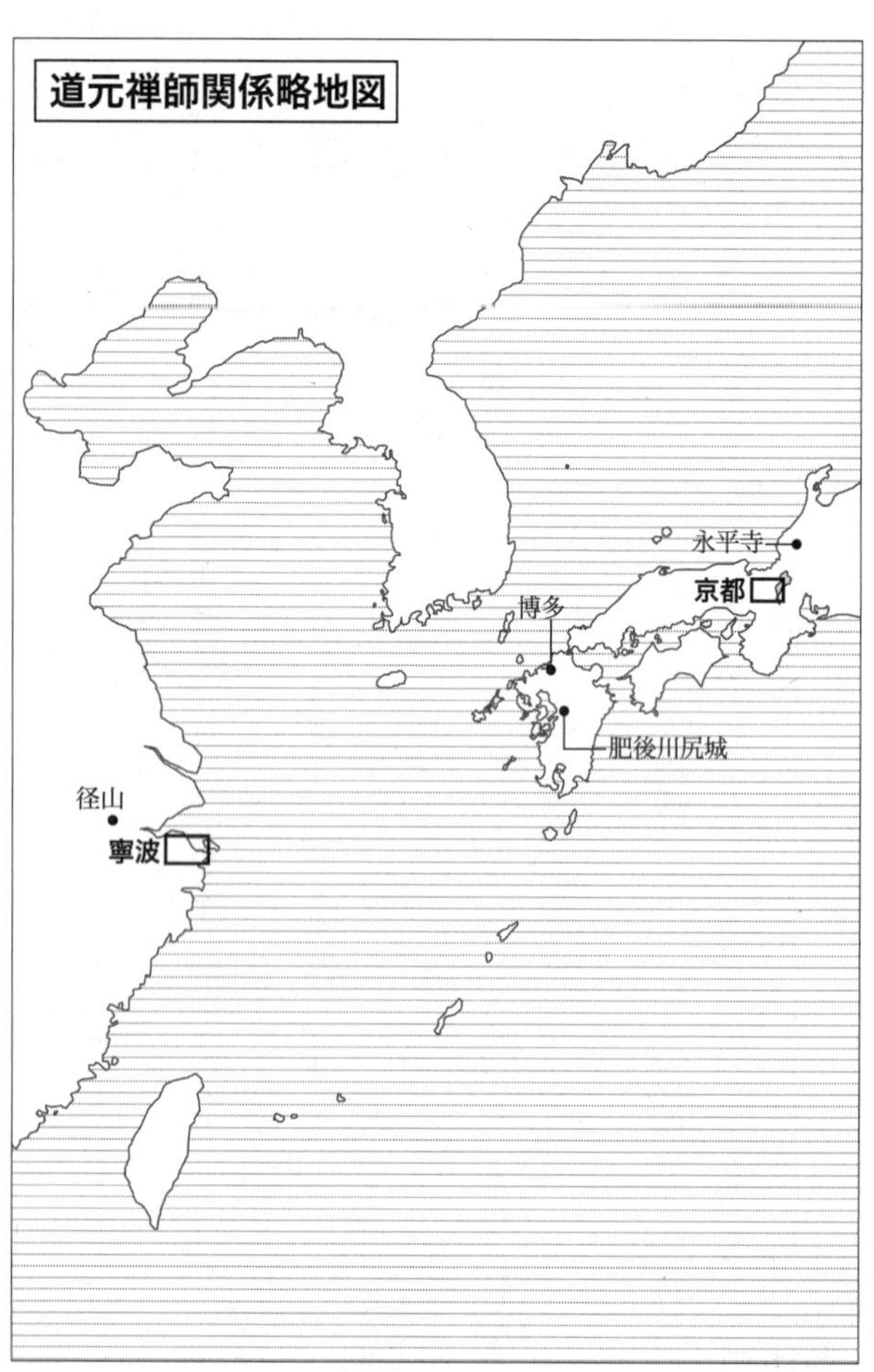
道元禅師関係略地図
永平寺
京都
博多
肥後川尻城
径山
寧波

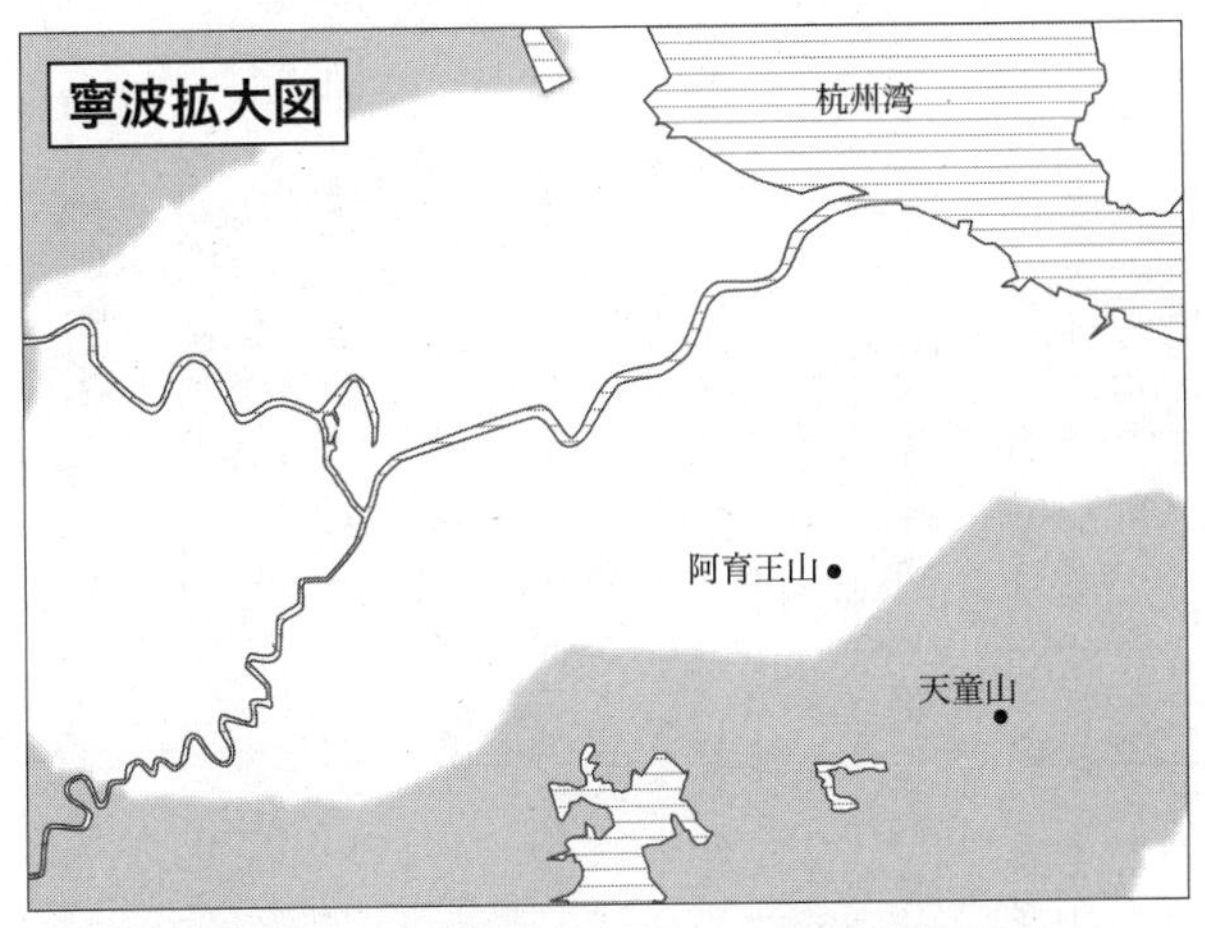
寧波拡大図
杭州湾
阿育王山
天童山

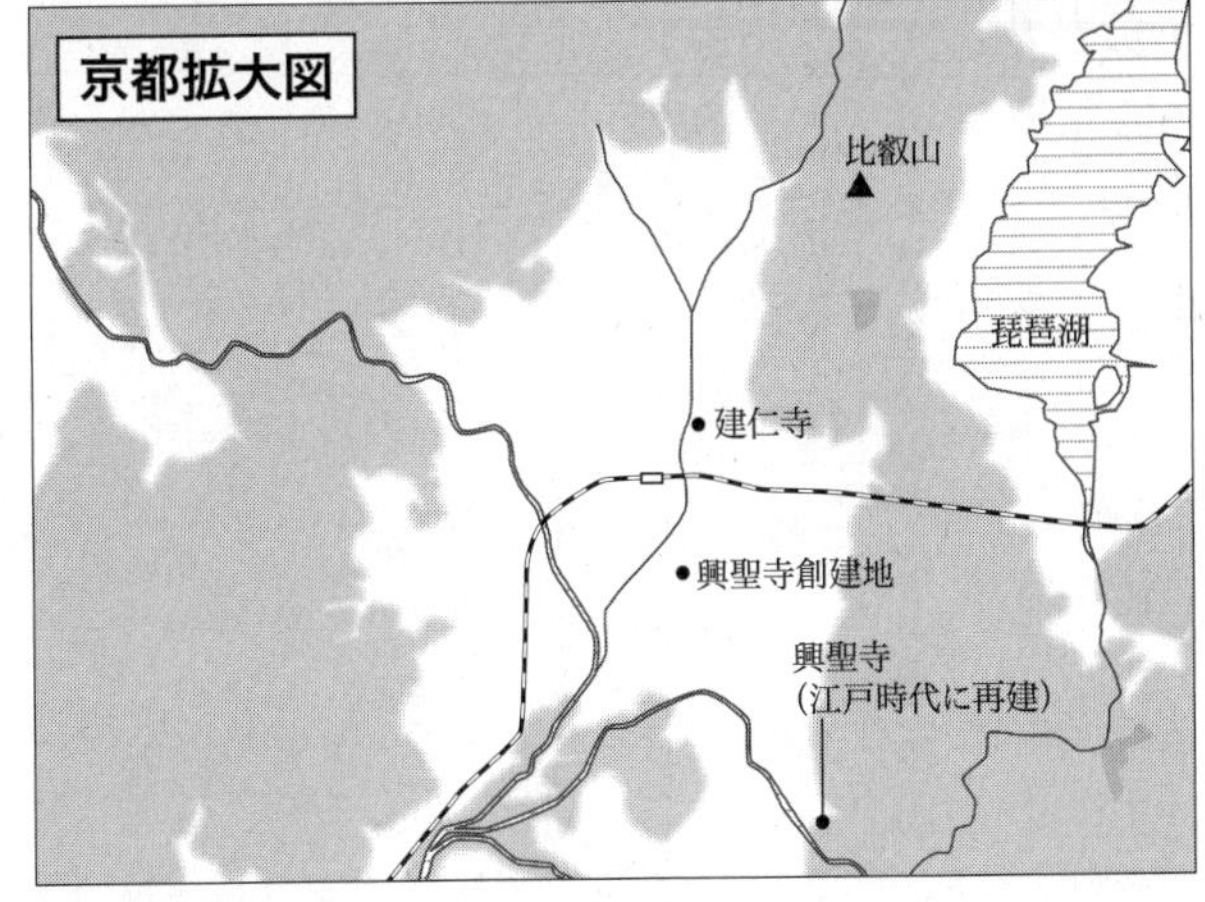
京都拡大図
比叡山
琵琶湖
建仁寺
興聖寺創建地
興聖寺
（江戸時代に再建）

道元禅師略年表

和暦	西暦	年齢	出来事
正治2年	1200	1	1月2日　京都にて誕生。父は源通具（1170～1227）とされる。母について詳細は不明。一説には藤原基房（松殿禅定尊閣、1145～1230）の娘ともされる。
建仁2年	1203	4	『李嶠雑詠』を読む。李嶠（645?～714?）は唐初期に活躍した宮廷詩人。漢詩文に優れる。
建永元年	1206	7	『春秋左氏伝』、『詩経』などの漢籍を読む。
承元元年	1207	8	冬、母が逝去。これを機に出家の志を抱く。
承元2年	1208	9	春、世親（生没年不詳）の『阿毘達磨倶舎論』（『倶舎論』）を読む。 この間、藤原基房の猶子（養子）となる。
建暦2年	1212	13	元服が迫り、基房の家を出て比叡山の良顕法眼（生没年不

			詳）の元に向かう。良顕に亡き母の遺言を伝え、出家の志を語る。その後、横川の千光房に入る。
建保元年	1213	14	4月9日　天台座主公円（1168〜1235）を師として剃髪・得度する。翌日、延暦寺戒壇院で菩薩戒（円頓戒）を受ける。これより天台学を学び始める。この間、「一切経」を閲覧する。参学の中で修行に疑念を抱く。
建保4年	1216	17	三井寺の公胤（1145〜1216）に「宗の大事」とする疑問を呈する。その際、公胤から栄西（1141〜1215）を尋ねること、そして海を渡って入宋することを勧められる。
建保5年	1217	18	8月25日　建仁寺で明全（1184〜1225）に会い、参学する。
承久3年	1221	22	9月12日　明全より「師資相承一偈」を伝授される。（本資料について諸説あり）

貞応２年 （嘉定16年）	１２２３	24	２月21日　明全・道元禅師らの一行が西海道（九州・博多へ向かう街道）の通行許可を得る。翌日、入宋のために建仁寺を発ち、博多へ向かう。 ４月　入宋。明州慶元府（現在の浙江省寧波市）に到着する。 ５月４日　阿育王山の老典座と出会う。 ７月　天童山景徳寺にて、老典座と再会する。 秋、天童山にて伝蔵主の嗣書を閲覧する。また、諸山歴遊中、阿育王山に拝登する。 この頃、諸山歴遊中に径山万寿寺へ拝登する。径山如琰（１１５１～１２２５）に出会う。
元仁元年 （嘉定17年）	１２２４	25	１月21日　天童山にて無際了派（１１４９～１２２４）の嗣書を閲覧する。 ４月　無際了派が示寂。 ７月５日　天童山にて、栄西十回忌の供養が行われる。 秋、天童如浄禅師（１１６２～１２２７）が無際の後任として天童山の住職となる。 この頃、諸山歴遊する。

嘉禄元年（宝慶元年）	1225	26	如浄禅師が天童山の住職になったことを聞き、天童山に戻る。 5月1日　天童山にて如浄禅師と相見する。 5月18日　明全が体調を崩す。 5月27日　明全が示寂。翌々日、荼毘に付される。 7月2日　如浄禅師の方丈に初めて参じる。如浄禅師の下での参随の記録が没後に『宝慶記』としてまとめられる。 夏安居中、「身心脱落」の逸話あり。如浄禅師の下で禅の真髄を得たとされる。 9月18日　如浄禅師より仏相正伝菩薩戒を受け、その作法を『仏祖正伝菩薩戒作法』として記す。
嘉禄3年（宝慶3年）	1227	28	如浄禅師より「嗣書」を伝授される。 道元禅師、帰国の途につく。肥後の川尻（博多とも）に上陸。 7月17日　如浄禅師が示寂。 10月5日　『舎利相伝記』を撰述する。 この年、『普勧坐禅儀』『普勧坐禅儀撰述由来』を撰述する。
安貞2年	1228	29	この年、京都建仁寺にて、後に道元禅師の法を嗣ぐ懐奘（1198〜1280）と問答する。

			この頃、「明全具足戒牒」に明全の伝記を記す。
寛喜2年	1230	31	12月　藤原基房、逝去。 この年、建仁寺を出て深草（現在の京都市伏見区）の極楽寺辺りへと移る。
寛喜3年	1231	32	8月15日『弁道話』を撰述する。
貞永2年	1233	34	この年、深草極楽寺の跡地に興聖寺を開く。
天福元年〈4月15日改元〉	〃	〃	夏安居中、興聖寺にて『正法眼蔵』「摩訶般若波羅蜜」巻を撰述する。 8月15日「現成公案」巻を撰述し、俗弟子である楊光秀（生没年不詳）に与える。
天福2年	1234	35	3月『学道用心集』を撰述する。
文暦元年〈11月5日改元〉	〃	〃	冬、道元禅師の下に入門した懐奘によって『正法眼蔵随聞記』の筆録が開始される。

嘉禎元年	1235	36	8月15日　懐奘に『仏祖正伝菩薩戒作法』を授ける。
嘉禎2年	1236	37	10月15日　興聖寺にて初めての上堂（説法）を行う。以降、道元禅師による説法の記録は弟子たちによって編集され『永平広録』としてまとめられた。
嘉禎3年	1237	38	興聖寺にて『典座教訓』および『出家略作法』を撰述する。
嘉禎4年	1238	39	懐奘による『正法眼蔵随聞記』の筆録が終わる。
暦仁2年	1239	40	『重雲堂式』および「洗浄」「洗面」巻などを示衆する。この頃より、『正法眼蔵』の撰述・示衆が本格化する。
延応2年	1240	41	「袈裟功徳」「伝衣」巻などを示衆する。
仁治2年	1241	42	春、懐鑑（生没年不詳）をはじめ、義介（1219〜1309）など達磨宗の門徒が興聖寺に参じる。「仏祖」「古鏡」「神通」巻などを示衆し、「嗣書」「行仏威儀」巻などを撰述する。
仁治3年	1242	43	「大悟」巻などを示衆し、「坐禅箴」「行持」巻などを撰述する。

			8月5日　『如浄禅師語録』が到来し、上堂が行われる。
仁治4年	1243	44	興聖寺にて「菩提薩埵四摂法」巻などを撰述する。また、六波羅蜜寺にて「古仏心」巻を示衆する。
寛元元年〈2月26日改元〉	〃	〃	7月16日頃　波多野義重（?～1258）の要請などにより、越前に移る。吉峰寺にて「三界唯心」「説心説性」「諸法実相」「仏道」などを示衆する。 禅師峰にて「見仏」「遍参」「眼睛」「家常」「龍吟」巻などを示衆する。 禅師峰にて冬を越す。
寛元2年	1244	45	吉峰寺に戻り「大悟」「発無上心」「如来全身」「三十七品菩提分法」巻などを示衆する。また、この年『対大己五夏闍梨法』を示衆する。 2月29日　大仏寺法堂造営に向けた工事が始まる。 7月18日　大仏寺に移り、開堂説法を行う。
寛元3年	1245	46	大仏寺にて「安居」「他心通」巻などを示衆する。

年号	西暦	年齢	事項
寛元4年	1246	47	この頃、『弁道法』を撰述する。 6月15日　大仏寺を永平寺に改称する上堂を行う。また、『知事清規』を撰述する。 8月6日　『永平寺示庫院文』を示衆する。 9月15日　「出家」巻を示衆する。
宝治元年	1247	48	8月3日　波多野義重の要請により、鎌倉へ向かう。北条時頼（1227～1263）と法談し、和歌を献じる。
宝治2年	1248	49	3月13日　永平寺に帰山する。 12月21日　『永平寺庫院制規』五箇条を定める。
宝治3年	1249	50	1月11日　『衆寮箴規』を撰述する。
建長4年	1252	53	夏頃より体調を崩す。
建長5年	1253	54	1月6日　「八大人覚」巻を撰述する。 7月8日　病が重くなる。 7月14日　懐奘に永平寺の住職を譲る。 8月5日　波多野義重の勧めで療養のため京都へ向かう。

8月15日　中秋の和歌を詠む。 8月28日　京都の高辻西洞院、覚念（生没年不詳）の私邸にて示寂する。その後、東山赤辻にて荼毘に付される。 9月6日　懐奘、御遺骨を永平寺に持ち帰るため京都を発つ。 9月10日　懐奘、帰山する。 9月12日　永平寺にて入涅槃の儀が行われる。その後、供養塔（現在の承陽殿）にて弔われる。

※和暦中の（　）は中国暦、〈　〉は改元を示す。

現在の読誦偈文（※は『赴粥飯法』掲載）

展鉢の偈

〔聞槌の偈〕仏生迦毘羅（ぶっしょうかびら）　成道摩掲陀（じょうどうまかだ）　説法波羅奈（せっぽうはらな）　入滅拘絺羅（にゅうめつくちら）

〔展鉢の偈〕如来応量器（にょらいおうりょうき）　我今得敷展（がこんとくふてん）　願共一切衆（がんぐいっさいしゅ）　等三輪空寂（とうさんりんくうじゃく）

※白槌の偈

仰惟三宝咸賜印知（にゃんにさんぽうあんすいんし）　仰憑尊衆念（にゃんぴんそんしゅうにゃん）（＊維那のみ）

※十仏名

清浄法身毘盧舎那仏（しんじんぱしんびるーしゃーのうふー）　円満報身盧遮那仏（えんもんほうしんるしゃーのーふー）　千百億化身釈迦牟尼仏（せんぱいかしんしきゃーむーにーふー）

当来下生弥勒尊仏（とうらいあさんみるうそんぶー）　十方三世一切諸仏（じーほうさんしーいしーしーふー）　大乗妙法蓮華経（だいじんみょうはりんがーきん）

大聖文殊師利菩薩（だいしんぶんじゅすりーぶーさー）　大乗普賢菩薩（だいじんふえんぶーさー）　大悲観世音菩薩（だいひかんしいんぶーさー）

諸尊菩薩摩訶薩（しーそんぶーさーもーこーさー）　摩訶般若波羅蜜（もーこーほーじゃほーろーみー）

※施食の偈

〔朝〕粥有十利（しゅうゆうじり）　饒益行人（にょいあんじん）　果報無辺（こほうぶへん）　究竟常楽（きゅうきんじょうらぁ）

〔昼〕三徳六味（さんてるみ）　施仏及僧（しふぎすん）　法界有情（はかいうじん）　普同供養（ふずんきゅんにょう）（＊首座のみ）

※五観の偈

一には功の多少を計り彼の来処を量る
二には己が徳行の全欠を忖って供に応ず
三には心を防ぎ過を離るることは貪等を宗とす
四には正に良薬を事とするは形枯を療ぜんが為なり
五には成道の為の故に今此の食を受く

生飯の偈

汝等鬼神衆　我今施汝供　此食遍十方　一切鬼神共（＊昼食のみ）

撃鉢の偈

〔供養の偈〕上分三宝　中分四恩　下及六道　皆同供養
〔三口食の偈〕一口為断一切悪　二口為修一切善　三口為度諸衆生　皆共成仏道

折水の偈

我此洗鉢水　如天甘露味　施与鬼神衆　悉令得飽満　唵摩休羅細娑婆訶

処世界梵

処世界如虚空　如蓮華不著水　心清浄超於彼　稽首礼無上尊

（＊維那のみ）

『赴粥飯法』原文

＊は修正した字を示す。

赴粥飯法　永平寺

経曰、若能於㆑食等者、諸*法亦等、諸法等者、於㆑食亦等。方令㆓教㆑法而等㆒㆑食、教㆓食而法等㆒。是故法若法性、食亦法性。法若真如、食亦真如。法若一心、食亦一心。法若菩提、食亦菩提。名等義等故言㆑等。

経曰、名等義等、一切皆等、純一無㆑雑。

馬祖曰、建㆓立法界㆒尽是法界、若立㆓真如㆒尽是真如、若立㆑理尽是理、若立㆑事一切法尽是事。

然則等者非㆓等均等量之等㆒。是正等覚之等也。正等覚者、本末究竟等也。本末究竟等者、唯仏与仏、乃能究尽、諸法実相也。所以食者諸法之法也。唯仏与㆑仏之所㆓究尽㆒

也。正当恁麼時、有二実相性体力作因縁一。是以法是食、食是法也。是法者、為三前仏後仏之所二受用一也。此食者、法喜禅悦之所二充足一也。

粥時開静已後、斎時三鼓已前、先於二食位一就レ坐。斎時三鼓之後鳴二大鐘一者、報二斎時一也。城隍先斎鐘、山林先三鼓。

此時若面壁打坐之者、須二転レ身正面而坐一。若在二堂外一者、即須下息レ務洗レ手令レ浄、当具二威儀一赴上レ堂。

次鳴レ版*三会、大衆一時入堂。入堂之間、黙然而行、不レ得二点頭語笑一。一時入堂、在レ堂不レ得二言語説話一。唯黙而已。

入堂之法、擎二合掌於面前一而入。合掌指頭当レ対二鼻端一。頭低指頭低。頭直指頭直。頭若少斜、指頭亦少斜。其腕莫レ教レ近二於胸襟一。其臂莫レ教レ築二於脇下一。

前門入者、上下間者並従二南頰一入。先挙二左足一而入、次入二右足一而行。所下以不中従二北頰幷中央一入上者、蓋尊二崇住持人一也。住持人当須下従二北頰幷中央一入上。若従二中央一入者、先挙二右足一、乃正儀也。於二聖僧前一問訊訖、右転レ身而就レ位。

首座入堂路、経二雲堂之北簷頭下一、而従二前門之南頬一入。

後門入者、上間床者従二北頬一入。先挙二左足一。下間床者従二南頬一入。先挙二右足一。於二聖僧後一、向レ東問訊訖赴レ座。

粥飯坐位、或依二戒臘資次一、或由二掛搭前後一、或依二被位在処一。但安居間、必依二戒臘資次一。

上レ床之法、問二訊隣位一。所謂向二床座一問訊、則問二訊上下肩一也。順二転於上肩一〈上肩者左肩也〉。次問二訊対座一。

先以二右手一斂二左辺衣袖一、圧二定於腋下一。復以二左手一斂二右辺衣袖一、圧二定於腋下一。然後両手提二面前袈裟一、次併以二左手一提レ之。

即双レ足、次蹈二床近之地一而座二床縁一。次棄鞋。次以二右手一按レ床、次縮二左脚一上レ床、次収二右脚一挙レ身正座、圧二敷於右脚一。

今云、先右手按レ床、次縮二右脚一上レ床。次収二左脚一挙レ身正座。左脚圧二敷右胜一而坐。

次展二袈裟一蓋二膝上一、不レ得レ露二内衣一。不レ得レ垂二衣於床縁一。須二退レ身一鉢許地一、以明二護浄一。一安二袈裟一、二展二鉢盂一、三頭所レ向、是名二三浄一。

都寺・監寺・副寺・監院・維那・典座・直歳・侍者等、在二堂外上間一坐。

知客・浴主・堂主・炭頭・街坊・化主等、在二堂外下間一坐。

次打二木魚一。衆僧集定、響罷到者、不レ許二入堂一。

次聞二厨前雲版*鳴一、大衆一時下鉢。

下鉢之法。挙レ身安詳起二立定一、転レ身右廻、向二掛搭単一、合掌低頭、略問訊訖取レ鉢。左手提レ鉢、右手解レ鉤、両手托レ鉢、不レ得二太高太低一。当レ胸転二身上肩一、曲躬将レ坐而放二鉢盂於上肩之背後一。

不レ得下将二腰背肘臂一撞中著隣位上。顧二視袈裟一而不レ得レ令レ払二人面一。

次当二此時一聖僧侍者、供二養聖僧飯一。行者擎二飯盤一、侍者合掌先レ飯而歩。

侍者供二養聖僧飯一後、於二当面堦下一問訊訖、却二槌砧之複袱子一。其後合掌歩出、至二正面一問訊、右転レ身出二堂外一、経二知事床前一而就レ位。

三通鼓声将レ罷、堂前小鐘子鳴。住持人入堂。大衆下レ床同。住持人、問二訊聖僧一罷、与二大衆一問訊、然後就レ位。住持人就レ位訖、大衆方上レ床。侍者参二随住持人一下二堂外一*排立、候二大衆坐一一時問訊。然後侍者入二棹子一而問訊而出。住持鉢盂、安二此棹上一。大衆上レ床、棄鞋安二床下一、挙レ身正二坐於蒲団上一、不レ得二参差一。次托二鉢盂一安二坐前一。次維那入堂、聖僧前問訊罷焼香。焼香罷問二訊聖僧前一。問訊罷、然後合掌到二槌砧辺一、問二訊槌砧一罷、打レ槌一下。或不レ打レ槌。大衆方展鉢。


展鉢之法、先合掌解二鉢盂複帕之結一、取二鉢拭一、襞畳令レ小。所謂令レ小者、横折二一半一、竪折二三重一、横安二頭鑽之後一。稍等二匙筯*袋一。鉢拭長、一尺二寸〈布一幅也〉。放二匙筯袋於鉢拭之上一、次展二浄巾一以蓋レ膝。

次開二複帕一、向レ身之一角垂二床縁一。

次向レ外一角向レ裏而折。

次左右角向レ裏折、令レ至二鉢盂底辺一。

次以二両手一開二于鉢単一。覆二右手一而把二向レ身之単縁一、以蓋二鉢盂口上一。即以二左手一而取二鉢盂一、安二単上之左辺一。

次以二両手頭指一迸二取鐼子一。従レ小次第展レ之、不レ得レ作レ声。如二坐位稍窄一、只展二三鉢一。

次開二匙筯袋一取二匙筯一。出則先レ筯入則先レ匙。鉢刷同在二帒裏一。出二匙筯一横安二頭鐼之後一。匙筯頭向二上肩一。

次取二鉢刷一、縦安下頭鐼之与二第二鐼一之中間上。刷柄向レ外、以待二出生一。

次折二匙筯袋一令レ小、挿二頭鉢後単下一。或置二鉢単之後一、幷二鉢盂巾一而横安矣。

如遇二吉凶斎一、設二行香一罷踞炉。行香時挙レ手合掌、不レ得二語笑点頭動身一。当須二黙坐一。

次維那打レ槌一下曰、

稽首薄伽梵　円満修多羅　大乗菩薩僧　功徳難思議

今晨修設有疏、恭対二雲堂一*代伸二宣表一。伏惟慈証。

宣レ疏罷曰、

上来文疏已具披宣。聖眼無レ私、諒垂二照鑑一。仰憑二尊衆一念。

此時、大衆合掌。維那、高声念曰、

清浄法身毘盧舎那仏

円満報身盧遮那仏

千百億化身釈迦牟尼仏
当来下生弥勒尊仏
十方三世一切諸仏
大乗妙法蓮華経
大聖文殊師利菩薩
大乗普賢菩薩
大悲観世音菩薩
諸尊菩薩摩訶薩
摩訶般若波羅蜜

下レ槌太疾即打二仏脚一。下レ槌太慢即打二著仏頂一。如遇二尋常塡設一、即白槌曰、

仰惟三宝咸賜印知

更不二歎仏一也。

十声仏罷打レ槌一下、首座施食。

粥時曰、

粥有十利〈十利者、一者色、二者力、三者寿、四者楽、五者詞清弁、六者宿食除、七者風除、八者飢消、九者渇消、十者大小便調適。僧祇律〉
饒益行人
果報無辺
究竟常楽
斎時曰、
三徳六味〈三徳者、一軽軟、二浄潔、三如法作。六味者、一者苦、二醋、三甘、四辛、五鹹、六淡。涅槃経云云〉
施仏及僧
法界有情
普同供養。
首座合掌引レ声而唱。首座若不レ赴レ堂、次座唱レ之。
施食訖、行者喝食入。喝食行者先入二前門一、向二聖僧一問訊訖、向二住持人前一、問二訊住持人一訖、到二首座前一問訊訖、到二前門内南頬板頭之畔一、面向二聖僧一問訊訖、叉手而立喝食。

喝食須二言語分明名目不一レ賺。若有二差悞一、受食之法不レ成。須レ令二再喝一。
食遍維那白食槌一下、首座揖食観想訖、大衆方食。

維那於二聖僧帳後一転レ身問二訊首座一。乃請二首座施財一也。却帰二槌本位一、打レ槌一下、首座施財曰、

財法二施　功徳無量　檀波羅蜜　具足円満

行食之法、行食太速者、受者倉卒。行食太遅、坐久労。

行食須二浄人手行一。不レ得二僧家自手取一レ食。

浄人行益始二自首座一、次第而行帰二于住持人一行益。

浄人礼合二低細一。

羹粥之類不レ得レ汚二僧手及鉢盂縁一。点レ杓三両下、良久行レ之。曲身斂レ手、当レ胸而行。

粥飯多少各随二僧意一。

不レ得三垂レ手提二塩醋桶子一。

行益処、如嚔噴咳嗽、当須二背身一。舁桶之人法須二如法一。

受食之法、恭敬而受。

仏言、恭敬受レ食。応二当学一。

若食未レ至莫下予申二其鉢一乞索上。

両手捧レ鉢、低レ手捧レ鉢、離二鉢単一平二正手鉢盂一而受。応レ量而受。勿レ教レ有レ余。或多或少、以レ手遮レ之。

凡所レ受食、不レ得下把二匙筯於浄人手中一自抄撥取上。不レ得下過二匙筯一与二浄人一、令中僧食器中取上レ食。

古人云、正レ意受レ食、平*レ鉢受二羹飯一。羹飯倶食、当二以レ次食一。

不レ得下以レ手拄レ膝受上レ食。

若浄人倉卒、餅屑及菜汁等迸二落椀器中一、必須二更受一。

維那未レ白二遍椎一、不レ得三擎レ鉢作二供養一。候レ聞二遍椎一、合掌揖食、次作二五観一。

一計二功多少一量二彼来処一

二忖二己徳行全欠一応レ供
三防レ心離レ過貪等為レ宗
四正事二良薬一為レ療二形枯一
五為二成道一故今受二此食一
然後出観。未レ出二作観一不レ得二出生一。

次出生。以二右手大指頭指一取二飯七粒一、安二鉢刷柄上一。或安二鉢単之縁一。凡出二生飯一、不レ過二七粒一。餅麺等類不レ過レ如二半銭大一。

而今粥時不二出生一。古時用レ之。不レ得下以二匙筯一出生上。出生訖合掌黙然。


早晨喫粥之法、受二粥於頭鉢一而安二鉢摞上一。時至以二右手一把二頭鐼一、而平二左掌一以安レ之。指頭少亀而拘レ鐼。

次右手把レ匙、舀二受頭鉢之粥於頭鐼一。此時近二鐼於頭鉢之上肩一、舀二取七八匙許一、就二頭鐼於口一、而用レ匙以喫粥。如レ是数番尽レ粥為レ度。

然後、頭鉢之粥、稍将レ尽之時、安二頭鐼之粥於鉢単一、次把二頭鉢一而喫二尽其粥一訖、使レ刷罷安二頭鉢於鉢揲一。

次把二頭鐼一而喫二尽其粥一訖、使レ刷教レ浄且待二洗鉢水一矣。

斎時喫食之法、須下擎二鉢盂一而近レ口而食上。不レ得下置二鉢盂於単上一将レ口就レ鉢而食上。仏言、不レ応二憍慢而食一。恭敬而食。若現二憍慢相一、猶レ如二小児及姪*女一。

鉢盂外辺半已上名レ浄、半已下名レ触。

以二大拇指一安二鉢盂内一。第二第三指傅*二鉢盂外一。第四第五指不レ用。仰レ手把二鉢盂一、覆レ手把二鉢盂一之時、皆如レ是。

遐尋二西天竺之仏儀一、如来及如来弟子、右手搏*レ飯而食。未レ用二匙筯一。仏子須レ知矣。諸天子及転輪聖王、諸国王等、亦用レ手搏レ飯而食。当レ知是尊貴之法也。西天竺病比丘用レ匙、其余皆用レ手矣。

筯未レ聞レ名、未レ見レ形矣。筯者偏震旦以来諸国見レ用而已。今用レ之順二土風方俗一矣。

既為二仏祖之児孫一、雖レ応レ順二仏儀一、而用レ手以飯、其儀久廃無二師温一レ故、所以暫用二匙筯一、兼用二鐼子一矣。

把レ鉢放レ鉢、兼拈二匙筯一、勿レ教レ作レ声。

不レ得下挑二鉢盂飯中央一而食上。

無レ病不レ得三為レ己索二羹飯一。

不レ得二以レ飯覆レ羹更望一レ得。

不レ得下視二比*坐鉢盂中一起中嫌心上。当下繋二鉢想一食上。

不レ得二大摶レ飯食一。

不レ得三摶レ飯擲二口中一。

不レ得下取二遺落飯一食上。

不レ得二嚼レ飯作一レ声。

不レ得二噏レ飯食一。

不レ得二舌舐食一。仏言、不レ得下舒レ舌舐二唇口一而食上。応二当学一。

不レ得二振レ手食一。

不レ得二以レ臂拄レ膝食一。

不レ得下手爬二散飯一食上。仏言、不レ得下以レ手爬二散餅飯一而食、猶如中鶏鳥上。

不レ得二汚手捉一レ食。

不レ得下大攪及歠*二飯食一作上レ声。

仏言、不レ得下作二窣都婆形一而食上。

不レ得下将二頭鉢一盛中湿食上。

不レ得下将二羹汁一頭鉢内淘上レ飯。

不レ得下旋二菜羹一而盛二頭鉢内一和レ飯喫上。

不レ得下大銜二飯食一、如中獼猴蔵而嚼上。

凡喫二飯食一上下莫レ教二太急太緩一。切忌太急食訖、拱レ手視レ衆。

未レ喝二再請一、不レ得下刷二鉢盂一食念呑上レ津。

不レ得下輒剰索二飯羹一食上。

不レ得四抓レ頭令三風屑堕二鉢盂及鐼子中一。

当二護レ手浄一。

不レ得二揺レ身捉レ膝踞坐欠伸及摘レ鼻作一レ声。

如欲二嚔噴一、当レ掩レ鼻。

如欲レ挑レ牙、須二当掩一レ口。

菜滓菓核安二鉢鐼後屏処一以避二隣位之嫌一。

如隣位鉢中有二余食及菓子一、雖レ譲莫レ受。

莫三熱時堂内令二行者使一レ扇。如隣位有二怕レ風之人一、不レ得レ使レ扇。如自己怕レ風、白二維那一在二堂外一喫レ食。

或有二所須一、黙然指受。不レ得二高声呼取一。

食訖鉢中余物以二鉢刷*一浄而食レ之。

不レ得下大張レ口満レ匙抄レ食令レ遺二落鉢中及匙上一狼藉上。

仏言、不レ応下予張二其口一待上レ食。

不レ得二含レ食言語一。

仏言、不レ応二以レ飯覆一レ菜。不レ得下将二羹菜一覆レ飯、更望中多得上。応二当学一。

仏言、食時不二弾レ舌而食一。不二嘲*レ喉而食一。不二吹レ気熱レ食而食一。不二呵レ気冷レ食而食一。応二当学一。

粥時喫レ粥訖、鉢盂及鐼子、応レ使レ刷矣。

凡一口之飯須二三抄食一。

仏言、食時不二極小摶一、不二極大摶一、円整而食。

令二匙頭直入一レ口、不レ得二遺落一。

不レ得三醤片飯粒等落二在浄巾上一。如有二遺落食一在二巾上一、当三押聚安二一処一付二与浄人一。

飯中如有二未レ脱レ穀粒一者、以レ手去レ穀而食。莫レ棄レ之。莫二不レ脱喫一。

三千威儀経曰、若見二不可意一、不レ応レ食。亦不レ得レ使二左右人知一。又食中不レ得レ唾二上座前一。

鉢鐼之中如レ有二余残飯食一。不レ得二畜収一。須レ与二浄人一。

食訖作二断心一。不レ得レ咽レ津。

凡有レ所レ食、直丁須法乙観応丙観不レ費二一粒一之道理甲。廼是法等食等之消息也。

不レ得下用二匙筯一刮二鉢盂鉢鐼一作上レ声。

莫レ損二鉢光一。若損二鉢光一、鉢受二垢膩一。雖レ洗難レ洗。

頭鉢受二湯水一喫、不レ得下口銜二湯水一而作上レ響。

不レ得レ吐二水於鉢盂中及余処一。

以二浄巾一不レ得レ拭二面頭与一レ手矣。

洗鉢之法、先収二衣袖一莫レ触二鉢盂一。

頭鉢受レ水。今用二熱湯一。用二鉢刷一、誠心右転二于頭鉢一、而洗教レ除二垢膩一令レ浄、移二水頭鐼一、左手旋レ鉢、右手用レ刷、洗二鉢盂外兼鉢盂内一。

如法洗訖、左手托レ鉢、右手取二鉢拭一、教レ展二鉢拭一、蓋レ鉢両手把レ鉢、順而輪転、拭而教レ乾。然後、鉢拭且安二鉢盂内一、勿レ教レ出レ外。

安二鉢盂於鉢楪*上一、次洗二匙筯於頭鐼一、洗訖拭二於鉢拭一。此間莫レ教三鉢拭全出二於鉢盂外一。拭二匙筯一以盛二匙筯袋一、而横安二頭鐼之後一。

次洗二頭鐼於第二鐼一之時、以二左手一把三合頭鐼之与二鉢刷一而略提、以二右手一把二第二鐼一、而安二頭鐼之位一。然後、渡レ水而洗二頭鐼一。洗二第二第三鐼一、準レ之。不レ得レ洗二鐼子匙筯於頭鉢内一。

先洗二頭鉢一、次洗二匙筯一、次洗二頭鐼一、次洗二第二鐼一次洗二第三鐼一、拭而極乾、如レ本収二於頭鉢内一、次拭二鉢刷一盛レ袋。

鉢水未レ折、不レ得レ摺二浄巾一。鉢水之余不レ得レ瀝二床下一。

仏言、不レ得三以二残食一置二鉢水中一。応二当学一。

待二折鉢水桶来一、先合掌而応レ棄二鉢水於折鉢水桶一。

不レ得レ教レ灑二鉢水於浄人衫袖一。

不レ得レ洗二手於鉢水一。

不レ得レ棄二鉢水於不浄地一。

頭鏆以下、両手大指迸二安鉢盂内一。

次仰二左手一把レ鉢*、安二複帕中心一。

覆二右手一以把二近レ身単縁一蓋二鉢盂上一、両手畳二鉢単一、安二鉢盂口一。

次以二向レ身帕角一覆二於鉢上一、又以下垂二床縁一帕角上向レ身重覆レ之。

次以二匙筯袋一安二浄巾上一。古時安二鉢刷於帕上一。今者盛二鉢刷於匙筯袋一。

次以二鉢拭一蓋二覆於匙筯袋上一。

次以二左右手一、取二左右帕角一、次結二于鉢盂上之中央一。所レ結帕角之両端、同垂二於右一矣。

一記二鉢盂近レ身之方一、一為二容易解レ帕也。


複二鉢盂一訖、合掌黙然而坐、聞二下堂槌一。聖僧侍者打レ之。

聖僧侍者在二堂外堂頭侍者下頭一坐。欲レ打レ槌時、先起レ座下レ床問訊、合掌入二堂内一、聖僧前問訊、経二香台南辺一、而到二槌之西辺一。向レ槌問訊、叉手且待二住持人及大衆複レ鉢訖一、進槌一下。然後合掌、次蓋二槌之袱子一、訖又問訊。〈今案吉祥〉

聞二此槌一、維那作二処世界梵一。

是用祥僧正之古儀也。依レ之暫従随。


其後、住持人出堂之次、打二放参鐘一也。

住持人下二椅子一、問二訊聖僧一時、聖僧侍者退二槌辺一、避二身於聖僧帳後一、莫レ教二住持見一。

次大衆起レ身掛レ鉢。先両手擎レ鉢起レ位、順転レ身向二掛搭単一、左手托レ鉢、右手掛レ鉤。

然後合掌、順転レ身、向二床縁一下レ床。徐徐垂レ足而下レ床、著レ鞋問訊。問二訊上下肩一、
如二堂内大坐湯一。入堂出堂、上床下床、並如二此式一。

次収二蒲団於床下一而出堂也。


粥後放参、即住持人出堂、打二放参鐘一三下。如遇二早参一、更不レ打レ鐘。如為二斎主一、三下後陞堂。亦須レ打二放参鐘一。

又大坐茶湯罷、住持人聖僧前問訊出。即打二下堂鐘一三下。

如監院首座入堂煎点、送二住持人一出、却二来堂内一聖僧前上下間問訊罷、盞槖出方打二下堂鐘一三下。

大衆方可㆓下床㆒。出堂威儀並如㆓入堂之法㆒。

一息*半歩、在㆓宝慶記㆒。出定*人歩法也。

赴粥飯法　終

主要参考資料

原文資料

『大正新脩大蔵経』大正一切経刊行会、一九二四〜一九三二。
『道元禅師全集』一〜七、春秋社、一九八八〜一九九三。
『原文対照現代語訳　道元禅師全集』一〜一七、春秋社、一九九九〜二〇一三。
『正法眼蔵』上・中・下、曹洞宗宗務庁、二〇二〇。
『伝光録』曹洞宗宗務庁、二〇〇五。

書籍

石井修道編集責任『中世禅籍叢刊　第六巻 禅宗清規集』臨川書店、二〇一四。
伊藤秀憲『道元禅研究』大蔵出版、一九九八。
伊吹敦『禅の歴史』法蔵館、二〇〇一。
尾崎正善・中尾良信編『孤高の禅師道元』吉川弘文館、二〇〇三。
鏡島元隆・佐藤達玄・小坂機融『訳註禅苑清規』曹洞宗宗務庁、一九七二。
鏡島元隆　他編『講座道元三　道元の著作』春秋社、一九八〇。

佐々木閑『出家とはなにか』大蔵出版、一九九九。

佐藤秘雄『仏典講座四　律蔵』大蔵出版、一九七二。

佐原真『食の考古学』東京大学出版会、一九九六。

高橋秀榮「本書解説」『永平寺史料全書』禅籍編第一巻、二〇〇二。

中村璋八・石川力山・中村信幸訳著『作る心食べる心―典座教訓・赴粥飯法・正法眼蔵示庫院文―』第一出版、一九八〇。

中村璋八・石川力山・中村信幸全訳注『典座教訓・赴粥飯法』講談社学術文庫、一九九一。

中村信幸『食事のこころ―赴粥飯法―日常に生きる信仰（曹洞宗の教えとこころえ）』同朋舎、一九九二。

中村元『中村元選集　第一一巻　ゴータマ・ブッダ』春秋社、一九六九。

中村元『ブッダのことば　スッタニパータ』岩波文庫、一九八四。

水野弥穂子訳『正法眼蔵随聞記』ちくま文庫、一九九二。

道端良秀『中国仏教社会経済史の研究』平楽寺書店、一九八三。

山内昶『食具』法政大学出版局、二〇〇〇。

『新版禅学大辞典』大修館書店、一九八五。

論文

秋津秀彰「道元禅師以降の『典座教訓』の伝播と受容―中世・瑩山禅師より近代・戦前期にかけて―」『曹洞宗総合研究センター学術大会紀要』二一、二〇二〇。

石井修道「百丈清規の研究―「禅門規式」と『百丈古清規』―」『駒澤大学禪研究所年報』六、一九九五。

石井修道監修・曹洞宗総合研究センター宗学研究部門編「共同研究『永平元禅師清規』「赴粥飯法」の出典研究」『宗学研究紀要』二二、二〇〇九。

石井修道監修・曹洞宗総合研究センター宗学研究部門編「共同研究『典座教訓』の註釈的研究（上）」『宗学研究紀要』二八・二九合併号、二〇一六。

石井修道監修・曹洞宗総合研究センター宗学研究部門編「共同研究『典座教訓』の註釈的研究（中）」『宗学研究紀要』三二、二〇一九。

石井修道監修・曹洞宗総合研究センター宗学研究部門編「共同研究『典座教訓』の註釈的研究（下）」『宗学研究紀要』三三、二〇二〇。

石井修道監修・曹洞宗総合研究センター宗学研究部門編「共同研究『弁道法』の註釈的研究（一）」『宗学研究紀要』三四、二〇二一。

石井修道監修・曹洞宗総合研究センター宗学研究部門編「共同研究『弁道法』の註釈的研究（二）」『宗学研究紀要』三五、二〇二二。

石井修道監修・曹洞宗総合研究センター宗学研究部門編「共同研究『弁道法』の註釈的研究（三）」『宗学研究紀要』三六、二〇二三。

石井修道監修・曹洞宗総合研究センター宗学研究部門編「共同研究『入衆日用』の註釈的研究（一）」『宗学研究紀要』三六、二〇二三。

石井修道監修・曹洞宗総合研究センター宗学研究部門編「共同研究『入衆日用』の註釈的研究（二）」『宗学研究紀要』三七、二〇二四。

伊吹敦「「戒律」から「清規」へ―北宗の禪律一致とその克服としての清規の誕生―」『日本仏教学会年報』七四、二〇〇八。

片山晴賢「中世語彙考その一―禅と茶道を中心に―」『駒澤國文』二三、一九八六。

川端晶子「食の感性哲学―美味礼讃と無味礼讃―」『日本調理科学会誌』三五‐三、二〇〇二。

小坂機融「叢林生活の基準―清規―　清規変遷の底流」『道元思想大系』九、同朋舎、一九九五。

小早川浩大「中国における典座の成立について」『曹洞宗総合研究センター学術大会紀要』二一、二〇二〇。

佐々木閑「典座に関する一考察」『禅文化研究所紀要』一九、一九九三。

清水洋平「原始仏教の植物観パーリ律蔵・経蔵から窺えること」『大谷學報』八五‐

四、二〇〇六。
神保夏美・井元りえ「諸外国と日本における食器と食物との関連についての研究動向の分析―研究の目的と方法に焦点を当てて―」『日本家政学会誌』七〇、二〇一九。

時枝久子 他「比較食文化史年表の作成について（日本：縄文期～安土桃山期）（研究ノート）」『会誌食文化研究』八、二〇一二。

徳野崇行「曹洞宗における「食」と修行」『宗教研究』九〇－二、二〇一六。

福留奈美「食文化理解を深める―料理人による対話型講義―」『日本調理科学会誌』四六－五、二〇一三。

古山健一「『赴粥飯法』における「法是食・食是法」について」『宗学研究』四九、二〇〇七。

古山健一「『赴粥飯法』における「斎時喫食之法」の出典研究」『宗学研究紀要』二一、二〇〇八。

古山健一「『赴粥飯法』における「恭敬受食」の語について」『宗学研究』五〇、二〇〇八。

古山健一「『赴粥飯法』における「法是食・食是法」再考―「等」の語に対する穏達註の検討―」『宗学研究紀要』二二、二〇〇九。

古山健一「『赴粥飯法』における「恭敬而食」の解釈をめぐって」『宗学研究』五一、二〇〇九。

古山健一「「折水偈」雑考」『曹洞宗総合研究センター学術大会紀要』一七、二〇一六。

古山健一「『赴粥飯法』における「法是食・食是法」再考―その独自性とは―」『曹洞宗総合研究センター学術大会紀要』一一、二〇一〇。

頼住光子「仏教における『食』（第三回国際日本学コンソーシアム）」『大学院教育改革支援プログラム「日本文化研究の国際的情報伝達スキルの育成」活動報告書』（学内教育事業編）、二〇〇九。

執筆者略歴

清野宏道（せいの・こうどう）

執筆担当：訓読文・現代語訳・解説・原文

1982年生まれ。愛知学院大学文学部宗教文化学科専任講師、曹洞宗総合研究センター客員研究員。駒澤大学大学院人文科学研究科仏教学専攻博士後期課程修了。博士（仏教学）。論文に「道元禅師における『法華経』の受容と展開」（学位請求論文）など。

澤城邦生（さわき・ほうしょう）

執筆担当：解題

1980年生まれ。曹洞宗総合研究センター常任研究員。愛知学院大学大学院文学研究科心理学専攻修士課程修了。論文に「『瑩山清規』「歳末看経牓」・「除夜施餓鬼疏」に関する一考察」など。

秦　慧洲（はた・えしゅう）

執筆担当：訓読文・現代語訳

1989年生まれ。曹洞宗総合研究センター研究員。駒澤大学大学院人文科学研究科仏教学専攻修士課程修了。論文に「曹洞宗における焼香作法について―従香の変遷を中心に―」など。

久松彰彦（ひさまつ・しょうげん）

執筆担当：解題・道元禅師の生涯

1990年生まれ。曹洞宗総合研究センター委託研究員。東京大学大学院人文社会系研究科宗教学宗教史学専攻修士課程修了。論文に「『経行軌聞解』による教化の検討―『修禅要訣』の受容に着目して―」など。

山内弾正（やまうち・だんじょう）

執筆担当：解題・略年表

1990年生まれ。曹洞宗総合研究センター研究員。国立音楽大学大学院音楽研究科作曲専攻修士課程修了。論文に「明治期における宗門音楽教化について―仏教音楽会と正則音楽講習所の関係を中心に―」など。

ビギナーズ 日本の思想

道元「赴粥飯法」

道元　石井修道＝監修

令和６年 ６月25日　初版発行

発行者●山下直久

発行●株式会社KADOKAWA
〒102-8177　東京都千代田区富士見2-13-3
電話　0570-002-301(ナビダイヤル)

角川文庫 24216

印刷所●株式会社暁印刷
製本所●本間製本株式会社

表紙画●和田三造

●お問い合わせ
https://www.kadokawa.co.jp/（「お問い合わせ」へお進みください）
※内容によっては、お答えできない場合があります。
※サポートは日本国内のみとさせていただきます。
※Japanese text only

Printed in Japan
ISBN 978-4-04-400721-8　C0115

◇◇◇

角川文庫発刊に際して

角　川　源　義

第二次世界大戦の敗北は、軍事力の敗北であった以上に、私たちの若い文化力の敗退であった。私たちの文化が戦争に対して如何に無力であり、単なるあだ花に過ぎなかったかを、私たちは身を以て体験し痛感した。西洋近代文化の摂取にとって、明治以後八十年の歳月は決して短かすぎたとは言えない。にもかかわらず、近代文化の伝統を確立し、自由な批判と柔軟な良識に富む文化層として自らを形成することに私たちは失敗して来た。そしてこれは、各層への文化の普及滲透を任務とする出版人の責任でもあった。

一九四五年以来、私たちは再び振出しに戻り、第一歩から踏み出すことを余儀なくされた。これは大きな不幸ではあるが、反面、これまでの混沌・未熟・歪曲の中にあった我が国の文化に秩序と確たる基礎を齎らすためには絶好の機会でもある。角川書店は、このような祖国の文化的危機にあたり、微力をも顧みず再建の礎石たるべき抱負と決意とをもって出発したが、ここに創立以来の念願を果すべく角川文庫を発刊する。これまで刊行されたあらゆる全集叢書文庫類の長所と短所とを検討し、古今東西の不朽の典籍を、良心的編集のもとに、廉価に、そして書架にふさわしい美本として、多くのひとびとに提供しようとする。しかし私たちは徒らに百科全書的な知識のジレッタントを作ることを目的とせず、あくまで祖国の文化に秩序と再建への道を示し、この文庫を角川書店の栄ある事業として、今後永久に継続発展せしめ、学芸と教養との殿堂として大成せんことを期したい。多くの読書子の愛情ある忠言と支持とによって、この希望と抱負とを完遂せしめられんことを願う。

一九四九年五月三日

角川ソフィア文庫ベストセラー

角川ソフィア文庫ベストセラー

ビギナーズ 日本の思想
空海「秘蔵宝鑰」
こころの底を知る手引き
空海
加藤純隆・加藤精一＝訳
『三教指帰』で仏教の思想が最高であると宣言した空海は、多様化する仏教の中での最高のものを、心の発達段階として究明する。思想家空海の真髄を示す、集大成の名著。詳しい訳文でその醍醐味を味わう。

ビギナーズ 日本の思想
日蓮「立正安国論」「開目抄」
日蓮
編／小松邦彰
蒙古襲来を予見し国難回避を論した「立正安国論」、柱となり眼目となり大船となって日本を救おうと宣言する「開目抄」。混迷する日本を救済しようとした日蓮が、強烈な信念で書き上げた二大代表作。

茶の湯名言集
田中仙堂
珠光・千利休・小堀遠州・松平定信・井伊直弼——。一流の茶人は一流の文化人であり、人間を深く見つめる目を持っていた。茶の達人たちが残した言葉から、人間関係の機微、人間観察、自己修養などを学ぶ。

ビギナーズ 日本の思想
九鬼周造「いきの構造」
九鬼周造
編／大久保喬樹
恋愛のテクニックが江戸好みの美意識「いき」を生んだ——。日本文化論の傑作を平易な話し言葉にし、各章ごとに内容を要約。異端の哲学者・九鬼周造の波乱に富んだ人生遍歴と、思想の本質に迫る入門書。

ビギナーズ 日本の思想
空海「般若心経秘鍵」
空海
編／加藤精一
宗派や時代を超えて愛誦される「般若心経」。人々の幸せを願い続けた空海は、最晩年にその本質を〈こころ〉で読み解き、後世への希望として記した。名言や逸話とともに、空海思想の集大成をわかりやすく読む。

角川ソフィア文庫ベストセラー

ビギナーズ 日本の思想
宮本武蔵「五輪書」
宮本武蔵
編／魚住孝至

「地・水・火・風・空」5巻の兵法を再構成。フィクションが先行する剣客の本当の姿を、自筆の書状や関係した藩の資料とともにたどる。剣術から剣道への展開に触れ『五輪書』の意義と武蔵の実像に迫る決定版。

ビギナーズ 日本の思想
空海「即身成仏義」「声字実相義」「吽字義」
空海
編／加藤精一

大日如来はどのような仏身なのかを説く「即身成仏義」。言語や文章は全て大日如来の活動とする「声字実相義」。あらゆる価値の共通の原点は大日如来とする「吽字義」。真言密教を理解する上で必読の三部作。

ビギナーズ 日本の思想
空海「弁顕密二教論（べんけんみつにきょうろん）」
空海
加藤精一＝訳

空海の中心的教義を密教、他の一切の教えを顕教として、二つの教えの違いと密教の独自性を理論的に明らかにした迫真の書。唐から戻って間もない頃の若き空海の情熱が伝わる名著をわかりやすい口語訳で読む。

ビギナーズ 日本の思想
空海「性霊集」抄
空海
加藤精一＝訳

空海の人柄がにじみ出る詩や碑文、書簡などを弟子の真済がまとめた性霊集全112編のうち、30編を抄出。書き下し文と現代語訳、解説を加える。空海の一人の僧としての矜持を理解するのに最適の書。

新訳 武士道
新渡戸稲造
大久保喬樹＝訳

深い精神性と倫理性を備えた文化国家・日本を世界に広めた名著『武士道』。平易な訳文とともに、その意義や背景を各章の「解説ノート」で紹介。巻末に「新渡戸稲造の生涯と思想」も付載する新訳決定版！

角川ソフィア文庫ベストセラー

ビギナーズ 日本の思想
新訳 弓と禅
付・「武士道的な弓道」講演録
オイゲン・ヘリゲル
訳・解説／魚住孝至

弓道を学び、無の心で的を射よという師の言葉に禅の奥義を感得した哲学者ヘリゲル。帰国後に著された本書には、あらゆる道に通底する無心の教えが刻み込まれている。最新研究に基づく解説を付す新訳決定版！

ビギナーズ 日本の思想
文明論之概略
福澤諭吉
先崎彰容＝訳

福沢諭吉の代表作の1つ。文明の本質を論じ、今、もっとも優先すべき課題は日本国の独立であり、西洋文明を学ぶのもそのためであると説く。確かな考察に基づいた平易で読みやすい現代語訳に解説を付した保存版。

ビギナーズ 日本の思想
日蓮の手紙
日蓮
訳・解説／植木雅俊

相手の境遇や困難を思いやる細やかな文体に、『法華経』と仏教思想の根本を込めた日蓮の手紙。人生相談あり、生活指導あり、激励あり。厳選された25通の原文・現代語訳・解説から、人間日蓮の実像に迫る。

ビギナーズ 日本の思想
三酔人経綸問答
中江兆民
訳・解説／先崎彰容

民主制の理想を説く洋学紳士。大国化を目指し戦争も厭わない豪傑の客。やがて南海先生が口をひらく――。東洋のルソー・中江兆民が自身の学問のすべてを注ぎ込んだ日本政治思想の重要古典を、新訳と解説で読む。

空海入門
加藤精一

革新的な思想で宗教界を導き、後に弘法大師と尊称された空海。その生涯と事績をたどり、『三教指帰』『弁顕密二教論』『秘蔵宝鑰』をはじめとする著作を紹介。何者にも引きずられない、人間空海の魅力に迫る！

角川ソフィア文庫ベストセラー

道元入門　角田泰隆

13歳で出家、24歳で中国に留学。「只管打坐（しかんたざ＝ただひたすら坐禅すること）」に悟りを得て帰国し、正しい仏法を追い求め永平寺を開山。激動の鎌倉時代に禅を実践した日本思想史の巨人に迫る！

科学するブッダ　犀の角たち　佐々木閑

科学と仏教、このまったく無関係に見える二つの人間活動には驚くべき共通性があった。理系出身の仏教学者が固定観念をくつがえし、両者の知られざる関係を明らかにする。驚きと発見に満ちた知的冒険の書。

日本の思想をよむ　末木文美士

社会と国家、自然と人間、宗教、身体——。日本の思想を代表する45の古典をとりあげ、日本の思想と文化を探る思想史入門書。古事記、仏典から、憲法まで。未来を考えるヒントは、ここにある。

増補　仏典をよむ　死からはじまる仏教史　末木文美士

従来の固定観念から解き放ったとき、仏典は今日に生きる思想書となる。仏教の本質は、異形の他者との関わりにある。ブッダの死後、残された人々の超克のなかに成立を求め、親しみやすい現代語訳で読み解く。

無心ということ　鈴木大拙

無心こそ東洋精神文化の軸と捉える鈴木大拙が、仏教生活の体験を通して禅・浄土教・日本や中国の思想へと考察の輪を広げる。禅浄一致の思想を巧みに展開、宗教的考えの本質をあざやかに解き明かしていく。

角川ソフィア文庫ベストセラー

新版 禅とは何か
鈴木大拙

宗教とは何か。仏教とは何か。そして禅とは何か。自身の経験を通して読者を禅に向き合わせながら、この究極の問いを解きほぐす名著。初心者、修行者を問わず、人々を本格的な禅の世界へと誘う最良の入門書。

日本的霊性 完全版
鈴木大拙

精神の根底には霊性（宗教意識）がある――。念仏や禅の本質を生活と結びつけ、法然、親鸞、そして鎌倉時代の禅宗に、真に日本人らしい宗教的な本質を見出す。日本人がもつべき心の支柱を熱く記した代表作。

仏教の大意
鈴木大拙

昭和天皇・皇后両陛下に行った講義を基に、キリスト教的概念や華厳仏教など独自の視点を交え、困難な時代を生きる実践学としての仏教、霊性論の本質を説く。『日本的霊性』と対をなす名著。解説・若松英輔

東洋的な見方
鈴木大拙

英米の大学で教鞭を執り、帰国後に執筆された、大拙自ら「自分が到着した思想を代表する」という論文十四編全てを掲載。東洋的な考え方を「世界の至宝」と語る、大拙思想の集大成！ 解説・中村元／安藤礼二

華厳の研究
鈴木大拙
杉平顗智＝訳

仏の悟りの世界はどのようなものか。どうすればそこに至ることができるのか。鈴木大拙が人生最後の課題として取り組んだもの、それが華厳教の世界であった。安藤礼二氏による解説も付して再刊する、不朽の名著。

角川ソフィア文庫ベストセラー

禅と日本文化 新訳完全版

鈴木大拙
碧海寿広＝訳

禅は悟りの修行であり、水墨画、剣術、武士道、俳句、茶道など、日本の文化や生活のあらゆる領域に浸透している。欧米に禅を広め、大きな影響力をもった大拙の代表作。その全体像を日本語訳した初の完訳版。

般若心経講義

高神覚昇

『心経』に込められた仏教根本思想『空』の認識を、その否定面「色即是空」と肯定面「空即是色」の二面から捉え、思想の本質を明らかにする。日本人の精神文化へと誘う、『般若心経』の味わい深い入門書。

新版 歎異抄 現代語訳付き

訳注／千葉乗隆

愛弟子が親鸞の教えを正しく伝えるべく、直接見聞した発言と行動を思い出しながら綴った『歎異抄』。人々を苦悩から救済することに努めた親鸞の情念を、わかりやすい注釈と口語訳で鮮やかに伝える決定版。

真釈 般若心経

宮坂宥洪

『般若心経』とは、心の内面の問題を解いたものではなく、具体的な修行方法が説かれたものだった！　経典成立当時の古代インドの言語、サンスクリット語研究が導き出した新解釈で、経典の真実を明らかにする。

選択本願念仏集 法然の教え

訳・解説／阿満利麿

仏法末世が信じられた鎌倉初期、念仏だけを称えれば救われると説いた法然。従来の仏教的価値観を根本的に覆した思想の真髄を、平易な訳と原文で紹介。強靭な求道精神の魅力に迫る浄土宗・浄土真宗の基礎文献。

角川ソフィア文庫ベストセラー

法然を読む
「選択本願念仏集」講義
阿満利麿

法然が膨大な行の体系の中から選び取った「南無阿弥陀仏」の一行は、不条理や不安が生み出す絶望から人々を自由にする唯一の言葉だった。主著『選択本願念仏集』をテキストとして、その信念と意義を読み解く。

現代語訳 理趣経
正木晃

真言宗の聖典が初心者でもわかる！ 理趣経は、毎朝毎夕に真言宗寺院で読誦される。難解の極みとされてきた原文を、わかりやすく現代語訳。教えの神髄を、大胆かつ平易に、最新研究の成果を元に正確に伝える。

マンダラを生きる
正木晃

密教の基本から、空海が持ち帰った胎蔵界曼荼羅と金剛界曼荼羅について丁寧に説明。日本独自の発展を遂げた「宮曼荼羅」をはじめ、マンダラの鑑賞法を伝授。自己認識を深める「マンダラ塗り絵」も収載。

ブッダ伝
生涯と思想
中村元

煩悩を滅する道をみずから歩み、人々に教え諭したブッダ。出家、悟り、初の説法など生涯の画期となった出来事をたどり、人はいかに生きるべきかを深い慈悲とともに説いたブッダの心を、忠実、平易に伝える。

仏教語源散策
編著／中村元

上品・下品、卍字、供養、卒都婆、舎利、荼毘などの仏教語から、我慢、人間、馬鹿、利益、出世など意外な日常語まで。生活や思考、感情の深層に語源から分け入ることで、豊かな仏教的世界観が見えてくる。

角川ソフィア文庫ベストセラー

坐禅ひとすじ
永平寺の礎をつくった禅僧たち

角田泰隆

坐禅の姿は、さとりの姿である。道元、懐奘（えじょう）、義介――。永平寺の禅が確立するまでの歴史をわかりやすく綴りながら、師弟間で交わされる問答を通して、受け継がれてきた道元禅の真髄を描き出す。

禅のすすめ
道元のことば

角田泰隆

『正法眼蔵』『普勧坐禅儀』……数多くの道元の著作から、禅の思想を読み解く。「只管打坐――ただ座る」「空手還郷――あたりまえの素晴らしさ」など、現代社会に通じる普遍的なメッセージの深遠を探る。

道元と生きる
正法眼蔵随聞記

角田泰隆

道元の言行を弟子の懐奘が記録し、修行の道標とした『正法眼蔵随聞記』。見返りを求めず縁に任せること、今ある幸せに気づくことなどの教えから、不安や執着にとらわれず生きるための心得を読み解く。

正法眼蔵入門

頼住光子

固定化された自己を手放せ。そのとき私は悟り、世界が目覚める。それこそが「有時」、生きてある時の経験なのだ。『正法眼蔵』全八七巻の核心を、存在・認識・言語という哲学的視点から鮮やかに読み解く。

夢中問答入門
禅のこころを読む

西村惠信

救いとは。慈悲とは。禅僧・夢窓疎石が足利尊氏の弟・直義の93の問いに答えた禅の最高傑作『夢中問答』。その核心の教えを抽出し、原文と平易な現代語訳で読みとく。臨済禅の学僧による、日常禅への招待。